BRUNO MUGNAI - CHRIS FLAHERTY

DER LANGE TÜRKENKRIEG VOL. 1

LA LUNGA GUERRA TURCA - GLI ASBURGO ARRESTANO L'AVANZATA OTTOMANA

THE LONG TURKISH WAR - HABSBURGS ARREST THE OTTOMAN ADVANCE

SOLDIERS&WEAPONS 024

SOLDIERSHOP PUBLISHING

THE AUTHOR

Bruno Mugnai è nato a Firenze nel 1962 e ci vive con Silvia, Chiara ed Eugenio. Appassionato di storia militare fin da giovanissimo, ha pubblicato due libri sull'esercito ottomano dal 1645 al 1718; è inoltre autore di saggi sulle campagne italiane della guerra di Successione Spagnola e di articoli di uniformologia e storia militare del Seicento e del Settecento. Ha pubblicato per l'Ufficio Storico dell'esercito italiano una monografia sulle istituzioni militari dello stato di Lucca nell'Ottocento e ha completato per lo stesso editore un analogo contributo sull'esercito del granducato di Toscana dal 1737 al 1799. Con Luca Cristini ha collaborato alle illustrazioni dei due volumi dedicati alla guerra dei 30 anni e alla realizzazione di altri titoli della serie Soldiershop.

Bruno Mugnai was born in 1962 in Florence, where lives with Silvia, Chiara and Eugenio. Military history enthusiast since his youth, he has published two volumes on the Ottoman Army and he is author of several works concerning the Italian campaigns of the Spanish Succession War and uniformology articles about 17th and 18th century's warfare. He has written a book for the Historical Office of the Italian Army on the State of Lucca military organizations in the 19th century and another one on the army of Granduchy of Toscany in the18th century. With Luca Cristini he has collaborated as illustrator for the books 'the Thirty Years War' and as author of several Soldiershop titles.

Chris Flaherty si è laureato all'università di Melbourne e adesso vive a Londra. Da molti anni divide i suoi interessi storici con la collezione di oggetti militari, il restauro, la conservazione e la ricerca. Ha pubblicato numerosi contributi sulla storia militare turca-ottomana della Prima Guerra Mondiale e di altri periodi storici per UK Armourer Magazine, Classic Arms & Militaria e Soldier of the Queen Journal.

Chris Flaherty has a PhD from the University of Melbourne and now lives in London. He has a long-term interest in military history, militaria collecting, curation, preservation and research. He has written extensively on World War I Ottoman Turkish military history, as well as earlier Ottoman military periods for the UK Armourer Magazine, Classic Arms & Militaria and Soldier of the Queen Journal.

NOTE EDITORIALI

LICENSES COMMONS

◄ **Ussaro confinario croato; Sisak 1593** Abbigliamento ed equipaggiamento di stile ottomano sono facilmente riconoscibili in questo cavaliere confinario. In effetti, alla fine del XVI secolo, era difficile trovare grandi differenze fra un cavaliere leggero ottomano e uno croato o ungherese. Targhe angolari e pellicce erano tipiche dei cavalieri confinari *akincy* e *dely* e si ritrovano pressoché identiche anche fra i loro avversari cristiani. Fonti: ricostruzione da una stampa della *Ungarische Chronik* di Wilhelm Dillich, 1601; targa ungherese della fine del XVI secolo, Kunsthistorisches Museum, Vienna.

Croatian *Grenzer Huszár*; Sisak 1593 *Ottoman dress and equipment clearly influence this border horseman. As such, it is sometime difficult to differentiate a light cavalryman of either Croatian, Hungarian or Ottoman. Angular shields and furs coats were typical in the Ottoman Akincy and Dely cavalry corps too, as well shared by their Christian opponents. Sources: reconstruction after a print in the Wilhelm Dillich's Ungarische Chronik, 1601; late 16th century Hungarian shield, Kunsthistorisches Museum, Vienna.*

ISBN: 978-88-93273978   2nd edition November 2018
Title: Soldiers&Weapons 024 - **Der Lange Türkenkrieg (1593-1606) Vol. I** Di Bruno Mugnai e Chris Flaherty. Illustrazioni a colori degli autori. Editor: Soldiershop publishing. Cover & Art Design: Luca S. Cristini.

In copertina : Sipahy ulufely ottomano e confinario székely transilvano.

PREFAZIONE

Per centinaia di anni, dal XIV secolo, gli Stati cristiani dell'Europa orientale hanno combattuto per resistere all'espansionismo dell'Impero Ottomano. Quella che ai più appariva come un'irresistibile espansione era avvenuta grazie a un esercito e una marina bene armati e addestrati. Dopo la caduta dell'Impero di Bisanzio nel 1453, il resto degli Stati cristiani dell'Europa sudorientale sperimentarono da vicino la forza militare ottomana, senza peraltro poter contare sull'appoggio di un potente alleato e durante i successivi cento anni le armate della Porta si scontrarono con un gruppo di deboli e disuniti regni cristiani. Questa divisione spinse uno dopo l'altro quei principi a trovare un accomodamento più o meno soddisfacente con il minaccioso impero del sultano. Solo l'emergente stato degli Asburgo era in possesso di una potenza militare in grado di aggregare la disparata realtà politica della regione.

Il primo di una serie di due saggi che descrivono uno dei più importanti conflitti avvenuti durante il periodo dell'espansionismo ottomano, la Lunga Guerra Turca, combattuta fra il 1593 e il 1606, ed episodio cruciale nella storia d'Europa. La guerra fra un Impero Ottomano in piena fase espansiva e la Monarchia Asburgica con i suoi alleati si trasformò in un confronto che assunse i connotati di una lotta per la sopravvivenza degli stati cristiani dell'Europa orientale. Il maggiore scontro campale ebbe luogo a Keresztes, nell'Alta Ungheria, nel 1596, quando una forza d'invasione ottomana agli ordini del sultano Mehmed III si scontrò con una composita armata guidata dagli Asburgo. Questo violento scontro si risolse per entrambi i contendenti in una sanguinosa battaglia il cui esito fu in proporzione assai più negativo per l'armata cristiana, numericamente inferiore. Nonostante le perdite subite, il sultano si rese conto che il suo esercito poteva essere ricostituito più facilmente rispetto a quello degli avversari. D'altro canto, la sconfitta e la perdita di tante preziose risorse avrebbero normalmente provocato il collasso dell'alleanza cristiana, ma stavolta la posta in gioco era troppo alta e con grande sorpresa per gli ottomani, gli austriaci continuarono a combattere e a resistere agli invasori. La determinazione avversaria indusse Mehmed III a una pausa di riflessione, perché - nonostante il suo esercito potesse assorbire molte più perdite - un avversario tanto risoluto poteva provocare un costo troppo alto da pagare anche in un'incursione oltre confine.

Chris Flaherty e Bruno Mugnai hanno descritto nei dettagli la ragguardevole macchina da guerra ottomana, lo strumento che aveva permesso per un secolo l'espansione dell'impero. Per la prima volta sono descritte in maniera coincisa la situazione strategica dell'Europa sudorientale all'inizio del conflitto e le operazioni militari, supportate dalle belle illustrazioni degli autori, assieme all'organizzazione, l'abbigliamento e l'equipaggiamento degli eserciti coinvolti.

***

For hundreds of years leading up to the 14th Century the Christian states of Central and South-Eastern Europe had fought to resist the expansion of the Ottoman Empire. The seemingly irresistible Ottoman expansion had been built on the back of a large well armed and well trained army and navy. With the fall of the Byzantine Empire in 1453 the rest of Christian South-East Europe had to learn to deal with threat of Ottoman military power without support from a major power. During the next hundred years, Ottoman power was met by a group of weak disunited Christian kingdoms. These states seldom united to face the menace facing them all and several made accommodations with the Ottomans. However with the emergence of the Austrian Habsburg Empire the Ottomans now had to contend with a military power that could unite these disparate Christian states.

This first in a short series of books features one of the most important of the conflicts fought during the latter stages of Ottoman Expansion, the Long War. The Long War, which was fought between 1593 and 1606, was a pivotal conflict in the history of Europe. In a the war fought between the ever expanding Ottoman Empire and the Habsburg Monarchy and its allies was a fight for survival for the Christian kingdoms of Eastern Europe. The war's most decisive engagement took place at Keresztes, in Upper Hungary, in 1596, when the invading Ottoman Army under Mehmed III fought a force of Austrians and their Allies. This hard fought battle resulted in heavy losses from each army with the Christians losing a higher proportion of their force. Although the Ottomans losses were heavy the Sultan knew that his troops could be easily be replaced while the Christians could not. Such heavy losses would normally have led to a collapse on the part of the Christian alliance but there was too much at stake this time.

Much to the Ottoman's surprise the following year the Austrians were back in the field more determined than ever to resist the Turkish invaders. This determination by the Austrians and their allies to continue fighting gave Mehmed III pause for thought. Even though his army could absorb heavy losses such a determined foe could eventually prove too strong, as he weighed up to cost of any further incursions in Christian territory.

Chris Flaherty and Bruno Mugnai have described in detail the impressive military force of the Ottoman Imperial Armies, which had expanded their Empire for hundreds of years. They go on to describe the situation in South-Eastern Europe in 1593 and the military operations with a concise text and beautiful plates, alongside the organisation, dress and equipment of the armies involved is featured for the first time.

Philip Jowett 2014

INDICE - CONTENTS

Introduzione - Introduction .... Pag. 05

L'esercito Ottomano - The Ottoman Army .... Pag. 13

Il Confine Militare in Ungheria e Croazia - The Military
Border of Hungary and Croatia .... Pag. 31

Il Principato di Transilvania - The Princedom
of Transylvania .... Pag. 53

Operazioni Militari: il fronte ungherese, 1593-1596
Military Operations: the Hungarian front, 1593-1596 .... Pag. 63

Note alle illustrazioni - Illustrations commentary .... Pag. 80

◄ Un *çorbaci*, il comandante di una *orta* o 'reggimento' di giannizzeri, da un'incisione francese del 1590. Nel XVI secolo l'Impero Ottomano era il solo stato a mantenere un grande esercito composto da soldati professionisti. Un esercito permanente di tali proporzioni, con la minaccia che questo rappresentava, spinse nella seconda metà del secolo l'Occidente a migliorare il proprio dispositivo militare. Gli storici moderni intravedono in questa 'rivoluzione militare' i prodromi della successiva creazione di armate permanenti da parte delle altre maggiori potenze, fenomeno che si concretizzò soltanto nel secolo successivo.

A French engraving dated 1590, depicting a çorbaci. This was the officer commanding an Orta or janissary 'regiment'. In the 16th century the Ottoman Empire was the only state to maintain a large corps of professional soldiers. This standing army, and the threat it posed, encouraged troops in Central Europe in the second half of the century, to increasingly operate as if they were a permanent military force. Modern historians see this military revolution as a forerunner to the eventual creation of standing armies in the other major powers.

INTRODUZIONE - INTRODUCTION

LA LOTTA PER L'UNGHERIA: LE GUERRE AUSTRO-OTTOMANE DEL XVI SECOLO

La guerra del 1593-1606 può essere considerata come l'episodio finale di un lungo duello fra Vienna e Istanbul iniziato dopo la battaglia di Mohács (1526). A seguito di quella vittoria, il sultano aveva esteso il suo controllo su due terzi dell'Ungheria e minacciava direttamente l'Austria, di fatto la sola potenza che gli si opponeva nella regione danubiana. La Porta cercò di estendere il controllo politico su tutto il regno d'Ungheria sostenendo l'elezione di Szápolyai János (1487–1540), in opposizione alle pretese asburgiche su quel trono. Gli austriaci, invece, agirono con rapidità contro le decisioni della dieta ungherese e nel 1527 costrinsero Szápolyai, già eletto re d'Ungheria, a un esilio obbligato in Polonia. Nel 1529 iniziò una nuova guerra, quando il detronizzato Szápolyai ottenne il sostegno del sultano per rivendicare i suoi diritti e così, per tener fede alla sua parola, Solimano il magnifico (1496-1566) giurò di marciare su Vienna e cingere d'assedio la capitale degli Asburgo. Il sultano mobilitò rapidamente una forza stimata fra 80.000 e 120.000 uomini e in maggio

▲Un cavaliere *akincy*, in un'incisione di Melchior Lorck del 1576. Istituiti da Osman I (1258-1326), questi confinari raggiunsero il loro definitivo assetto sotto Solimano il Magnifico (1494-1566), che accordò il diritto di formare reparti di *akincy*, o incursori, a un prestabilito numero di famiglie. Gli *akincy* furono annientati nella battaglia di Giurgiu in Valacchia (24 ottobre 1595), e nel corso della Lunga Guerra Turca il loro ruolo fu assunto da nuove formazioni irregolari, come i tatari.

An Akincy horseman, engraved by Melchior Lorck, dated 1576. Founded under Osman I (1258–1326), and reached their full development under Suleiman the Magnificent (1494- 1566), the right to organise Akincy, or boarder raiders, was granted by the Sultan to several families, giving them collectively a corps identity. Largely destroyed in the battle of Giurgiu (24 October 1595), and their role was gradually ceded to new irregular formations, during the Long War such as the Tartars.

THE STRUGGLE FOR HUNGARY: AUSTRIAN-OTTOMAN WARS OF THE 16TH CENTURY

The Austrian-Ottoman war of 1593-1606, may be considered as the finale episode of a crucial duel that begun after the battle of Mohács (1526). After this major victory, the Sultan had control of two thirds of Hungary and menaced directly Habsburg Austria, the only opponent still existing in the Danube area. The Porte planned the political control of the whole Hungarian kingdom supporting the election of Szápolyai János (1487–1540), who was opposed to the Habsburg pretentions to the throne.

The Austrians, however, quickly acted against the Hungarian Diete, forcing Szápolyai János, king of Hungary, into Polish exile in 1527. Subsequently, a new war started soon in 1529, when János called upon the Sultan for help, and Süleyman I the Magnificent (1496–1566) swore to march on Vienna, and lay siege to the city. The Sultan rapidly mobilized some 80,000 to 120,000 men and invaded Hungary in May; joining him was Szápolyai with 6,000 cavalrymen.

Buda was the first objective, which fell on September 8. The German garrison there was slaughtered. On

▲ Lo scenario strategico precedente la guerra era favorevole alla Porta, che controllava la maggior parte dell'Ungheria. Questo 'saliente ottomano' si estendeva approssimativamente nel punto più largo per 681 km fra Bihać (oggi in Bosnia-Erzegovina) e Severin (l'odierna Turnu-Severin, in Romania). Quest'area si estendeva su entrambe le rive del Danubio, con al centro le città di Belgrado come base del saliente, mentre Buda e Pest occupavano la porzione settentrionale situata a 377 km dalla base.

The strategic scenario before the Long War was favourable to the Porte, who controlled the main part of Hungary. This Ottoman salient of territory, at its widest, was approximately 423 miles, between Bihać (in modern Bosnia and Herzegovina) and Severin (today Turnu-Severin in Romania). This area straddled both sides of the Danube river, occupying the cities of Belgrade and dual cities of Buda-Pest, in the north, located near the far end of this salient, to a distance of approximately 234.4 miles.

oltrepassò il confine ungherese; a lui si unì Szápolyai János con 6.000 cavalieri. Buda fu il primo obiettivo, che si arrese l'8 settembre e dove la guarnigione tedesca superstite fu passata a fil di spada. Il 27 settembre 1529 le forze di Solimano giunsero in vista di Vienna e immediatamente bombardarono la città, mentre i genieri ottomani iniziarono a minare le mura con gli esplosivi. Il sultano non aveva fatto i conti con la tenacia dei difensori, che combatterono con determinazione e periodicamente eseguirono delle sortite che ridimensionarono i progressi avversari. Gli austriaci sapevano che il tempo era dalla loro parte e confidavano che l'armata nemica difficilmente avrebbe continuato l'assedio in un autunno particolarmente freddo come quello. Nella notte fra il 14 e il 15 ottobre, Solimano diede

September 27, Süleyman's forces were outside Vienna and commenced bombardment of the city, while Ottoman engineers began undermining the walls. Sultan did not count on the tenacity of the defenders, who fought from within the walls and also periodically sorted into the besiegers with great effect. The Austrians knew that time was on their side. The Sultan's army was unable to maintain a siege during the cold autumn and on the night of October 14-15, Süleyman was forced to withdraw.

The retreat of the Ottoman Turks was a logistical nightmare: poorly supplied; continually harried by Austrian peasants; freezing and starving, the Ottomans plodded homeward, but thousands perished, and much valuable equipment was abandoned. In 1531, Austria's Archduke Ferdinand

infatti l'ordine di levare il campo. Attraverso le campagne innevate la ritirata si trasformò in un incubo: a corto di rifornimenti; assaliti dai contadini non appena restavano isolati; nel gelo e nella fame, gli ottomani rientrarono nelle loro sedi, ma in migliaia erano caduti e una gran quantità di materiale restò abbandonata. Due anni dopo, l'arciduca Ferdinando (1503-64) decise di contrattaccare, ma non riuscì a riconquistare Buda, difesa da Szápolyai.

La guerra si sarebbe potuta concludere, ma Solimano si sentiva talmente umiliato e desideroso di rivalersi che attaccò nuovamente .

Nella primavera del 1532, il sultano guidò nuovamente la sua armata, riunendo una grandissima forza d'invasione di almeno 180.000 uomini.

Le colonne lasciarono Belgrado ai primi di giugno per affrontare gli avversari, condotti dallo stesso imperatore Carlo V (1500-58), ma in grado opporre soltanto 78.000 combattenti. Tuttavia gli imperiali sfruttarono abilmente le difese offerte dal terreno e dalle città fortificate, costringendo il sultano a modificare il piano d'invasione. Nell'estate seguente l'esercito ottomano rimase impantanato davanti alla fortezza di Kőszeg, un avamposto relativamente modesto, dove nel corso di tutto il mese di agosto gli assalitori non conseguirono alcun progresso. Solimano ordinò a quel punto

▲ Il corpo dei giannizzeri comprendeva anche due *orta* a cavallo, le numero 64 e 65. Si trattava degli *zagarçi* (guardiani dei levrieri), in ossequio all'antico incarico rivestito dai componenti di queste *orta*, nelle battute di cacia del sultano. Gli *zagarçi* erano il solo reparto a cavallo esistente al di fuori della cavalleria del kapikulu. Nel 1623 entrambe le orta furono disciolte da Murad IV, a causa del loro coinvolgimento nell'assassinio di Osman II 'il Giovane'. (Incisione di Melchior Lorck, 1576)

The Janissary Corps provided two cavalry ortas, the 64th and 65th. These were called Zagarçi (greyhound keepers) as they were originally part of the Sultan's hunting establishment. They were the only mounted Janissary to exist outside of the Sultan's corps of paid household cavalry, the kapikulu sipahys. In 1623, both mounted ortas were suppressed by Murad IV for involvement in the murder of sultan Osman II 'the Young'.

(1503–64) launched a counteroffensive but was unable to retake Buda, defended by Szápolyai.

The war should have stopped, but Süleyman was so humiliated and angry that he tried again to crush the Austrians. In the spring 1532, Süleyman led his army, amassing at Belgrade a huge invasion force at least 180,000 strong.

He left the quarter early in June and faced an army under Charles V (1500–58) of only 78,000; but these troops were skilfully deployed, forcing the Sultan to change his plan.

In the following summer, the Ottoman army got bogged down by the Austrians at the fortress of Kőszeg - a relatively minor outpost - where the month long siege of August 1532 was repulsed. Süleyman then launched a series of destructive raids marching toward Belgrade, but was finally turned back. In 1533, a truce was conceded to Ferdinand, and Süleyman returned home to pursue the war against Persia. However, the Habsburgs were still frightened enough to offer tribute in exchange for all of Hungary. Two incidents helped provoke Süleyman to renew his war against Vienna.

In 1537, 24,000 Austrians and Bohemians had vainly attacked the Ottoman fortress at Esseg (today Osijek in Croatia); while in Moldavia, the current governor was suspected of intrigue with Vienna, urging Süleyman to occupy the country

una serie d'incursioni contro il territorio nemico, mentre si ritirava su Belgrado e dove alla fine prese i quartieri d'inverno. Nel 1533 fu concordata una tregua, che permise a Solimano di proseguire la guerra in corso contro la Persia. A seguito dello scampato pericolo, gli Asburgo offrirono a Solimano in cambio della sovranità sull'Ungheria il pagamento di un tributo annuo. Ma due incidenti offrirono il pretesto al sultano per rinnovare la guerra contro l'Austria. Nel 1537, 24.000 austriaci e boemi avevano tentato di impadronirsi con un colpo a sorpresa della fortezza ottomana di Esseg (od. Osijek in Croazia); mentre in Moldavia il governatore locale iniziò a essere sospettato d'intrighi con Vienna, spingendo Solimano a occupare la provincia nel 1538 e insediare un nuovo principe. Per evitare futuri contrasti, Szápolyai János concluse un accordo con Ferdinando d'Asburgo, concordando che fino alla morte del principe ungherese ciascuna delle parti avrebbe mantenuto i propri possessi. Se lo Szápolyai fosse morto senza eredi, le sue terre sarebbero andate agli Asburgo. Il patto appariva

in 1538, and installed a new governor.

To head-off war, Szápolyai János concluded a pact with Ferdinand, agreeing that each would retain what he presently controlled until Szápolyai's death. If the Hungarian king died childless, his lands would devolve upon Ferdinand. The pact appeared advantageous, considering that at the time of the pact, Szápolyai was as yet unmarried. Unfortunately, János did not secure Süleyman's consent to the pact. With great optimism, the Hungarian monarch married in 1539 but died the following year, though not before fathering a son, János Zsigmond (1540–71). Ferdinand claimed to be heir and marched his forces toward Buda; Süleyman found himself in a major crisis.

The Ottomans hastily occupied Buda in 1541 with a stratagem and conquered nearby Pest; then ordered the return of all territories acquired

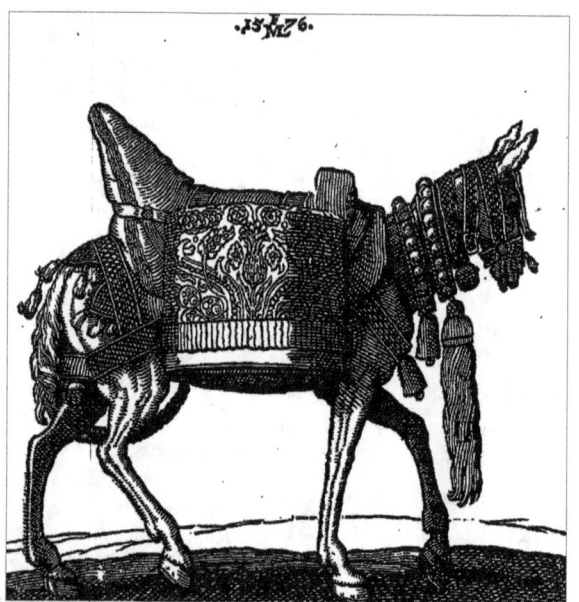

▲ Gli artigiani ottomani erano celebri per l'alta qualità degli equipaggiamenti militari, realizzati con tessuti pregiati e per gli elaborati accessori come selle, coperte e finimenti. La coda di crine pendente dalla nuca del cavallo, il *bunczuk*, serviva a proteggere l'animale dai colpi di sciabola nemici, ma al tempo stesso forniva l'opportunità di mostrare l'abilità artistica usando veri e propri gioielli per la decorazione degli oggetti destinati alle personalità di alto rango. A destra è raffigurato un mulo con timpani appartenenti a un *mehter* – banda musicale – del contingente di un *paşa* o di un *beglerbeg*. I muli erano spesso usati in marcia dai comandanti nelle campagne di guerra, risultando più confortevoli da cavalcare, benché fossero anche ottimi animali da guerra. (Incisioni di Melchior Lorck, datate 1582 e 1576).

The Ottoman were well known for producing highly quality military equipment in rich textiles and elaborate accessories, like saddles, covers and harness. The bunczuk tail pending from the horse's neck served to protect the animal from the enemy sabres, as well as provided another opportunity for Ottoman artisans to show their skills, even using real jewels in the decoration of items for important personalities. On the Right, can be seen a mule with timbales for the mehter - music band - of a paşa or beglerbeg contingent. Mules were also often used by commanders, especially on the march in campaign, as they were comfortable to ride, and rested valuable war horses.

► *Sipahy* provinciale o di tributo, in un'incisione del 1614 di un artista tedesco firmato NF. Notare il grande turbante decorato, che probabilmente identifica un *beg* siriano o egiziano. Il turbante era il copricapo più comune in tutto l'esercito ottomano, confezionato in una'ampia varietà di modelli e decorato con distintivi di grado, come il piumetto *sorguc* qui rappresentato.

Provincial Sipahy engraved by an anonymous German artist signed NF and dated 1614. A particular feature of this illustration is the large decorated turban, probably identifying a Syrian or Egyptian beg cavalryman. The turban was common in the Ottoman army, however it was fashioned in a variety of diverse styles. It was also fitted with many types of decorations, such as the distinctive sorguc plume.

vantaggioso per Ferdinando, considerando che all'epoca lo Szápolyai non era nemmeno sposato. Sfortunatamente il principe ungherese non si assicurò di ottenere il consenso di Solimano su quell'accordo. Con grande ottimismo, Szápolyai János si sposò nel 1539, ma morì un anno dopo, a tempo per diventare padre di un erede, János Zsigmond (1540–71). L'arciduca Ferdinando si oppose, dichiarando di essere lui il vero erede alla corona di Santo Stefano e marciò alla testa delle sue truppe contro Buda, mettendo Solimano di fronte al fatto compiuto. Il sultano reagì però prontamente, inviando il suo esercito a Buda, che fu conquistata con uno stratagemma e subito dopo occupò la vicina Pest; quindi ordinò la restituzione di tutto il territorio acquisito dagli Asburgo dopo la morte di Szápolyai, lasciando però aperta una trattativa per ottenere il pagamento di un tributo. Su quest'ultimo punto Ferdinando acconsentì, ma commise un errore, perché la sua offerta fu scambiata come un segno di debolezza. L'esercito ottomano si concentrò a Belgrado fra l'aprile e il settembre 1543 e in breve tempo conquistò una dopo l'altra le fortezze attorno a Buda rimaste in possesso degli austriaci. L'offensiva colse impreparato Ferdinando che fu costretto ad accettare le originali condizioni poste da Solimano. Da parte sua il sultano era pressato da altri impegni militari, fra tutti quelli contro la Persia nella guerra che ininterrottamente si combatteva dal 1526 e che sarebbe terminata solo nel 1555, e per questo l'accordo fu subito concluso. Un armistizio fu concordato nel 1545, mentre tre anni più tardi si giunse a un trattato, siglato a Edirne, con il quale gli Asburgo mantenevano

by the Habsburg since Szápolyai's death, while agreeing to Ferdinand's offer to pay tribute for the territories under his control. Ferdinand made the mistake of failing to respond decisively, and Süleyman took the delay as a sign of weakness. The Ottomans marched from Belgrade during April–September 1543, and made quick conquest of the chain of Imperial fortresses defending the route to Buda. This persuaded Ferdinand to respond favourably to Süleyman's original terms. For his part, Süleyman was now pressed by the demands of the ongoing war with Persia (1526–1555) and was therefore eager to settle with the Ferdinand. A truce was called in 1545, and this was followed two years later by the Treaty of Adrianople (today Ediren in Turkey), by which time it was Ferdinand who retained Austrian Hungary for an annual tribute of 30,000 ducats of gold coins to the Porte. The treaty specified a five-year armistice; however, this was broken by the outbreak in 1551.

Ferdinand was irritated that the region that separated Austrian Hungary from Transylvania was now the Ottoman ruled *paşalik* of Buda. Previously, the queen mother of Hungary's János Zsigmond, who now ruled in Transylvania as Porte's vassal, had protested to the Porte that

la sovranità su una parte dell'Ungheria in cambio di un tributo annuo di 30.000 ducati in oro al cambio ottomano. Il trattato specificava in cinque il numero di anni dell'armistizio, ma nel 1551 le ostilità ricominciarono. Ferdinando non tollerava l'idea che i suoi domini ungheresi fossero separati dalla Transilvania da un *paşalik* ottomano con Buda come capoluogo. In precedenza, la madre di Szápolyai János Zsigmond, che governava in Transilvania come vassallo della Porta, si era rivolta al sultano per protestare contro l'ingerenza del consigliere della reggenza inviato da Vienna, il prete dalmata Giorgio Martinuzzi, alias Juraj Utješinović (1482–1551), che aveva assunto sempre maggiori poteri e nel 1551 aveva cercato di favorire uno scambio con gli Asburgo per annettere la Transilvania in cambio di una regione equivalente in Austria, cioè il ducato di Oppeln in Slesia. Per blindare questo scambio, gli Asburgo avevano inviato un esercito per assediare Lippa (od. Lipova in Romania), residenza di Szápolyai. Una guarnigione ottomana fu inviata in Transilvania per proteggere il principe, mentre a Vienna Martinuzzi, sospettato di doppio gioco, fu assassinato dai sicari al soldo di Ferdinando. In rapida successione gli ottomani catturarono le fortezze di Szolnok e Nógrád, quindi conquistarono Temesvár (od. Timisoara in Romania), trasformando la provincia in un nuovo *paşalik*. Un anno dopo fallì il tentativo ottomano di impadronirsi di Eger. Un armistizio di fatto mise fine alle ostilità nel 1553, permettendo al sultano di proseguire la guerra contro lo Shah di Persia. Gli Asburgo approfittarono di questa temporanea tregua per provare ad annettere altre regioni dell'Ungheria per vie diplomatiche. Una pace formale fu conclusa dieci anni dopo, la quale rinnovava i termini stabiliti nel 1547, dando però forma al peggior scenario possibile. Il regno veniva diviso in tre parti reciprocamente ostili: l'Ungheria asburgica con Pressburg-Poszony (od. Bratislava in Slovacchia) come capitale, l'Ungheria ottomana con un *paşa* residente a Buda e un principato vassallo della Porta in Transilvania: una condizione che sarebbe terminata solo nel 1686. Nel frattempo ciascuna fazione rimaneva pronta a cimentarsi in nuove ostilità. Quando il nuovo imperatore – e re dell'Ungheria asburgica

her assigned adviser and regent for her son, the Dalmatian priest Giorgio Martinuzzi, alias Juraj Utješinović (1482–1551), had assumed too much power and in 1551 had tried to have her give up Transylvania for equivalent Austrian areas, namely the Duchy of Oppeln in Silesia. In order to ensure this exchange, Ferdinand had besieged Lippa (today Lipova in Romania), Transylvania's capital. An Ottoman army was sent and established a garrison there. In Vienna, Martinuzzi himself was suspected of being a traitor and was murdered. In three separate military actions, the Ottomans captured the fortresses of Szolnok and Nógrád and conquered the town of Temesvár (today Timisoara in Romania), making it a new Turkish province. However, in 1552, they failed to capture the fortress at Eger. An armistice of sorts ended the fighting the next year with the main Ottoman army being recalled to pursue a new campaign against the Persians. The Austrians vainly took advantage of the unofficial truce to attempt diplomatic annexation of Hungary. A formal peace came into existence, some ten years later; however, it merely renewed the terms of the 1547, and thereby creating the worst possible scenario. The kingdom was trisected into three hostile regions: Austrian-Hungary with Poszony-Pressburg (today Bratislava in Slovakia) as the capital, Ottoman-Hungary with a *paşa* resident in Buda and a Porte's vassal princedom in Transylvania. These conditions continued until 1686. Each faction was fully prepared for new hostilities. When the new emperor – and king of Austrian Hungary - Maximilian II (1527–76) refused to pay the Ottomans tribute due them for continued possession of the northern *comitates* (the counties), Süleyman had a justifiable cause for a new war. In July 1566 the aged Süleyman invaded Habsburg Hungary with 100,000 troops and laid siege against Sziget on August 5. That fortress town was defended by the Hungarian-Croatian count Zrinyi Miklós (1508–66) with 2,300 troops. However, the town was well fortified, and Zrinyi's men were able to repulse three assaults along the narrow causeways leading into Sziget. Nevertheless, by early September the count had a mere 600 troops fit for action. Deciding to make a last stand, he set charges to detonate his powder

– Massimiliano II (1527-76) rifiutò il pagamento del tributo annuale alla Porta pattuito per il possesso dei comitati settentrionali, Solimano trovò una ragione giustificabile per scatenare una nuova guerra. Nel luglio del 1566, l'anziano sultano invase i territori ungheresi degli Asburgo con un'armata di 100.000 uomini e il 5 agosto mise sotto assedio la fortezza di Sziget. Difendeva la piazza il conte croato-ungherese Zrinyi Miklós (1508-66) con 2.300 uomini. La città era ben fortificata e la guarnigione respinse tre assalti combattendo lungo gli stretti camminamenti che conducevano alla cittadella. Nonostante la fiera resistenza opposta, all'inizio di settembre il conte disponeva di soli 600 uomini in grado di combattere. Decidendosi a compiere un ultimo gesto, fece preparare le cariche per provocare l'esplosione delle polveri dell'arsenale e quindi guidò una disperata sortita. Tutti i difensori, incluso Zrinyi, caddero in combattimento ma,

magazines, and led a suicidal sortie from the town. Virtually all of the forces, including Count Zrinyi, were killed. The Ottomans rushed into the town's citadel and were caught by the explosion of the magazines. A total of 3,000 Ottoman troops were killed or wounded. As for Süleyman, he was dead, having succumbed to dysentery two days before the collapse of the enemy fortress. The conquest of Sziget was a Pyrrhic victory. The Ottoman forces did not remain in Hungary but withdrew to Belgrade and then to Constantinople. During the entire march back, attendants around Süleyman maintained the fiction that he was still alive. His body was carried in a closed litter, to concealed it from view. His successor, Selim II (1524–74), concluded in Adrianople a new treaty in February 1568, making a new peace with Emperor Maximilian. A century of wars had devastated most of Hungary. The population, threatened by plundering and deportations, had

▼ *Arabaci* (conduttori) del treno di un'armata ottomana, in un'incisione di Jost Amman (1539-91). I carri erano impiegati dagli ottomani non solo per il trasporto, ma anche per fornire un riparo, incatenati e schierati in prima linea. In quegli anni l'Impero Ottomano era ancora una potenza considerevole e il suo esercito veniva organizzato ed equipaggiato con cura, tale da renderlo nella seconda metà del XVI secolo uno dei più temuti in Europa.

Arabaci (drivers) conduct wagons and carriages of the ottoman army train. Engraved by Jost Amman (1539-91). These provided not only heavy transport of weapons and equipment, but as well the defensive use of chained wagons in front of the battle-line. The Ottoman Empire constituted a considerable power and its army was highly organised and equipped, and in the second half of the 16th century constituted a major military threat to the European kingdoms.

quando i vincitori entrarono nella cittadella, furono investiti dall'esplosione del magazzino e più di 3.000 soldati ottomani rimasero uccisi o gravemente feriti. Anche Solimano era morto, due giorni prima, a causa della dissenteria che lo aveva colpito. La conquista di Sziget si rivelò una vittoria di Pirro: l'esercito, esausto, preferì non prendere i quartieri d'inverno in Ungheria, pertanto si ritirò a Belgrado e infine a Istanbul. Durante la marcia gli attendenti del sultano mantennero il silenzio sulla scomparsa di Solimano, collocandolo seduto su una portantina come fosse ancora in vita.

Il suo successore, Selim II (1524-74), concluse ad Adrianopoli (od. Edirne in Turchia) un nuovo trattato con l'imperatore nel febbraio del 1568.

Un secolo di guerra aveva devastato la maggior parte dell'Ungheria. La popolazione, esposta ai saccheggi e alle deportazioni, aveva abbandonato le campagne. Il territorio, abbandonato e senza cura, cambiò profondamente. Gli acquitrini si estesero trasformando intere regioni in palude insalubri. Malattie endemiche rendevano rischioso avventurarsi in certi luoghi e spesso soldati e cavalli erano attaccati da lupi e cani selvatici. La lotta aveva mobilitato in alcune occasioni più di 150.000 uomini da parte ottomana e poco meno di 80.000 gli Asburgo. Queste guerre erano state contrassegnate soprattutto da assedi, mentre nessun grande scontro campale era stato più combattuto dai tempi di Mohács. Nella Lunga Guerra Turca questa singolarità avrebbe subito un'inversione di tendenza, connotandola come il primo vero moderno conflitto fra la Porta e gli Asburgo.

left the countryside. The territory, abandoned without care, changed profoundly. The marshes had extended, thus transforming entire regions into unhealthy swamps.

Disease rendered it unsafe to remain in this place and often soldiers and horses were attacked by hungry wolves or wild dogs. The struggle had mobilized in some occasion more than 150,000 men for the Ottomans and less than 80,000 on the Austrian side. These wars were typified by sieges, and no major land battle were fought after Mohács. The character of the Long War, after Mohács, have been seen by many historians as truly modern, as these were typified by sieges, and a few major land battles were fought.

▲I *cebeci*, a destra erano gli specialisti che custodivano, trasportavano e riparavano i moschetti e il resto delle armi impiegate dai giannizzeri e contemporaneamente li rifornivano di munizioni. Notare l'elmo *çiçak* indossato da questo soldato che lo qualifica come appartenente a questo corpo di artigiani specialisti. Verso la fine del XVI secolo nell'Europa orientale avvenne un cambiamento sostanziale nella composizione degli eserciti, fino allora basati principalmente sulla cavalleria, costituiti ora da formazioni di fanteria sempre più numerose e impiegate negli assedi sempre più frequenti. Per questo motivo l'esercito ottomano formò nuove unità composte con soldati armati di moschetto, fra le quali, ai primi del XVIII secolo, una nuova leva di giannizzeri detta *sekban*. Dopo questa riforma il corpo dei giannizzeri fu aumentato con altre 20.000 reclute che andarono a sommarsi alle altre nuove unità di moschettieri reclutate per la durata della campagna di guerra.

The cebecis, to Right, were specialist who stored, transported, preserved and repair firearms and the weapons used by the Janissaries. They even supplied ammunitions. Note the çiçak helmet worn by this soldier, qualifying the corps as armourer. The late 16th century witnessed the general transition in Eastern Europe from cavalry based armed forces to the new infantry dominated armies, as well siege warfare predominated. For this reason the Ottoman army formed new units with personnel able to handle firearms. These were a new Janissary intake of adult soldiers, in the early 17th century, called the Sekban. Ultimately, the Janissry corps was augmented with 20,000 new recruits and other musketeers units were recruited for the duration of a campaign.

L'ESERCITO OTTOMANO
THE OTTOMAN ARMY

La composizione dell'esercito ottomano, rispetto a come era strutturato all'inizio della Lunga Guerra Turca, cambiò considerevolmente nel corso degli anni. La maggiore trasformazione fu il passaggio da un esercito basato sulla cavalleria dei *timar* - i *sipahy* - che ricevevano dalla Porta terreni o rendite in forma di regolare pagamento in cambio del servizio militare, in una forza composta principalmente da fanteria armata di moschetti. Allo stesso modo, nel corso di tutto il conflitto, l'esercito ottomano ricorse per la prima volta a grandi contingenti a cavallo provenienti dal Khanato dei tatari di Crimea. Si stima che nel 1596 il totale delle forze disponibili per la guerra ascendesse fra 160.000 fino a un massimo di 180.000 uomini. La composizione effettiva di questa forza è sola parzialmente documentata, comunque alcune truppe e relativi stati di forza sono noti, benché si tratti di cifre indicative:

- 23.000 *sipahy ulufely* (guardia a cavallo del sultano);
- 30.000 (ma forse ancora di più) *sipahy* della cavalleria provinciale;
- 50-60.000 tatari a cavallo (altre fonti estimano una forza molto inferiore, ascendente a 12.000) – 25.000 arcieri privi di protezioni metalliche;
- 17.000 giannizzeri (di cui una parte era esentata a partecipare alle campagne);
- 20.000 altri giannizzeri inquadrati nella cosiddetta categoria *sekban* (le cui unità furono numerate da 1 a 34);
- truppe d'artiglieria (con oltre 300 bocche da fuoco di vario calibro).

La Cavalleria della Porta (*Kapikulu Süvarileri*)

L'organizzazione della cavalleria al tempo della Lunga Guerra era molto semplice:

- l'unità tattica di base era il *bölük* (fila o sezione), formato da 8 a 10 cavalieri, ma altre volte anche da 25-30 uomini;
- un *Alay* (paragonabile a un moderno reggimento,

The composition of the Ottoman army, as it existed in the period of the Long War, fundamentally changing in character. In particular, the transition from a cavalry based army, dependent on the *timar*-based cavalry – the *Sipahy* (that is, they were awarded benefits such as land grants and regular pay from the Ottoman state, in return for military service), to a foot-based army, composed of musketeers units. As well, in the Long War, the Ottoman army fielded a massive mounted force from the army of the Crimean Khanate. The total collected force in 1596 has been said to have been 160,000 to a maximum of 180,000 men. The actual composition of this force is only partly documented, however some of the troops and numbers are known (and these figures are representative):

- 23,000 *Sipahy* Household Cavalry;
- 30,000 (and possibly more) provincial *sipahy* cavalry;
- 50-60,000 Tartar cavalry (however, some estimates show a much smaller force of 12,000 – 25,000 unarmoured archers);
- 17,000 Janissary (with various functions);
- 20,000 men in the newly formed Janissary *sekban Ortas* (theses were numbered from 1-34);
- Artillery Troops (with some 300 guns of various calibres).

The Household Cavalry (*Kapıkulu Süvarileri*)

Cavalry organization, in the Long War was simple:

- The basic sub-tactical unit was the *Bölük* (a file or section), which could be a low as 8 or 10 cavalrymen, but could be as high as 25 to 30 men;
- *Alay* (a 1,000 man strong regiment), which was used as the basis for the provincial *Sipahis* cavalry. These regiments further were divided under the command of into three or four *Subaşıs* (Captains).

The Ottoman cavalry, were represented mainly by the *Kapikulu Sipahis* (*Sipahis* of the Porte). These were the household cavalry troops of the Ottoman Palace. As well as being, the cavalry

▲ Batterie di nove o più cannoni, schierati come se si trattasse di una singola unità, sono rappresentate spesso nelle miniature ottomane dell'epoca. Curiosamente dietro i cannoni sono raffigurati solo pochi serventi invece dei gruppi di quattro o cinque uomini per ciascun pezzo e un singolo artigliere innesca la carica, come se facesse sparare in successione un cannone dopo l'altro. Questa pratica sembrerebbe confermata nel dipinto dei primi del XVII secolo opera di Sebastian Franck, raffigurante l'assedio di Esztergom del 1543.

Ottoman 16th century court miniatures showing batteries of nine or more field guns deployed within a single unit. One singular aspect is that these gun lines show only a few individuals working a larger number of guns, rather than the crew of four-five men working a gun each. The gunners themselves are sheltering directly behind the guns as they are fired by an individual gunner in succession. This practice seems confirmed in this painting by Sebastian Franck in the early of 17th century, illustrating the siege of Esztergom in 1543.

forte di 1.000 uomini), formava l'unità base di livello maggiore. Ogni grande unità si divideva tatticamente raggruppamenti comandati da tre o quattro *subaşis* (capitani).

I *sipahy* del sultano (o più esattamente della Porta) rappresentavano la componente più importante della cavalleria ottomana. Si trattava di truppe d'elite destinate alla sicurezza del governo imperiale e costituivano la componente a cavallo della guardia personale del sultano in antitesi ai giannizzeri, che invece rappresentavano quella appiedata e come questi ogni *sipahy* era retribuito periodicamente con un salario. Verso la fine del XVII secolo esistevano sei divisioni o squadroni a cavallo dei *sipahy* del *kapikulu*:

- i *sipahy* propriamente detti (considerati come equivalent of the Janissary infantry force. All of them were paid quarterly salaries. There were six divisions (mounted troops) of *Kapikulu Sipahis*:

· The *Sipahis* (elite unit);
· *Silahtars* (known as the 'weapon masters', were an elite unit);
· Right *Ulufely*;
· Left *Ulufely*;
· Right *Garips*;
· Left *Garips*.

Many of these mounted soldiers were former *Ztrhli Nefer* (Armoured Janissary Infantry). The *Silahtars* were chosen from the best warriors in the Ottoman Empire. Any Ottoman soldier who committed a significant deed on the battlefield may have been promoted to the *Silahtar* division.

truppe d'elite);
- *silahtar* (scudieri, anch'essi considerati come reparto d'elite);
- *ulufely* dell'ala destra;
- *ulufely* dell'ala sinistra;
- *garip* dell'ala destra;
- *garip* dell'ala sinistra.

Molti di questi soldati avevano ottenuto l'accesso ai reparti a cavallo dopo aver prestato servizio come *Ztrhli Nefer* (giannizzeri corazzati a piedi). Anche i *silahtar* erano scelti fra i migliori soldati dell'impero. Ogni soldato ottomano che aveva dato prova di valore in combattimento poteva essere ricompensato con la promozione nella divisione dei *silahtar*. In fanteria esisteva anche la possibilità di essere inquadrato nei manipoli di assaltatori *serdengecdi* (letteralmente: colui che offre la propria testa) per aspirare alla promozione a *silahtar*. In quegli anni esisteva già una forte rivalità fra *sipahy* e giannizzeri e in genere un fante che passava nei ranghi della cavalleria era disprezzato sia dai nuovi compagni, che da quelli del corpo da cui proveniva, che lo consideravano un traditore. Tuttavia il prestigio e il miglior

Infantry soldiers had to enlist as *Serdengecdi* (literally means giver of his head) and survive dangerous missions to join the *Silahtar*. If a Janissary ever became a *Silahtar*, other members of the division with cavalry backgrounds despised him and former comrade Janissaries considered him a traitor, but because the position and wealth of a *Silahtar* was so attractive, Janissaries and other soldiers still enlisted for dangerous missions, in order to possibly join the cavalry.

The *Sipahys* and *Silahtars*, were granted *timar* – fiefs - near Constantinople, alongside their salaries. Whereas the *Ulufely*, which means 'salaried ones', as well as the *Garip*, which actually ment the 'poor ones' (because their equipment was lighter compared to the other four divisions), and were also paid salaries.

The actual numerical strength of these cavalry has been difficult to gauge. It is known, that their numbers increased significantly by the time of the Long War, notwithstanding the increasing emphasis on musketeers. As well, it is known that the strength of *Ulufely* and *Garips* remained as relatively small units, numbering 1,000 men each.

▲ Un'armata ottomana impiegava in campagna un gran numero di animali e carri da trasporto. Secondo alcuni autori un esercito di 120.000 uomini richiedeva almeno 5.000 carri e 40.000 animali. L'enorme colonna che ne derivava rallentava notevolmente la marcia e per questa ragione si provò ad aumentare la velocità di marcia ricorrendo agli animali da soma. Per ovviare alla lentezza del treno d'armata, i comandanti ottomani ricorsero anche alle vie fluviali, specialmente per il trasporto dell'artiglieria e dei rifornimenti. (Incisioni di Melchior Lorck, 1576-80)

An Ottoman army in campaign employed a large number of carriage and animals. Some authors report that an army of 120,000 men, needed at least 5,000 wagons and 40,000 animals. This huge column could considerably slow the march and for this reason the Ottoman tried to increase the speed employing pack animals as illustrated here. It should also be noted that, during the Long War, the Ottomans were successful, and highly skilled in using water transport, to move heavy artillery and supplies along rivers.

▲ Un *paşa* Ottomano con turbante piumato discute con un ufficiale austriaco. L'armistizio siglato nel 1568 comprendeva l'accettazione degli Asburgo a corrispondere un tributo annuo alla Porta. Il trattato fu rinnovato nel 1574 e nel 1583, ma durante questo periodo di 'pace formale' entrambi gli schieramenti continuarono a condurre incursioni oltre confine. Queste azioni divennero endemiche e in definitiva un certo livello di violenza era ritenuto accettabile se rimaneva entro i termini dell'armistizio. Le autorità locali dovevano spesso negoziare per evitare ulteriori complicazioni e limitare il più possibili i danni provocati dalle incursioni. Ai *Grenzgeneral* nominati da Vienna era infatti richiesta esperienza nella conduzione di trattative con la controparte Ottomana.(Incisione di Jost Amman, 1550-1600)

An Ottoman paşa with plumed turban meets an Austrian Officer. The armistice arranged in 1568 specified the Habsburgs agreeing to pay tribute to the Ottomans. This treaty was renewed in 1574 and again in 1583. During this period of 'official peace', both sides were permitted raids into each other's territory. These actions were endemic and a certain level of raiding was acceptable under the terms of the treaties. Local authorities had to be able to negotiate to avoid any complication and to limit damage caused by the reciprocal raids. The Habsburg Grenzgeneral especially, was experienced in conducting diplomacy with their Ottoman counterpart.

trattamento goduto dai *sipahy* facevano si che i candidati agli incarichi rischiosi non mancassero mai. Tanto i *sipahy* come i *silahtar* potevano aspirare al possesso di un timar – feudo – in una provincia dell'impero, cosa questa che rappresentava un incremento considerevole del salario. Anche gli *ulufely* (letteralmente 'salariato') e i *garip* ('povero', poiché l'equipaggiamento era più leggero e meno lussuoso rispetto a quello destinato agli altri *sipahy*) ricevevano un salario proporzionato al loro rango. L'esatto computo della forza a cavallo del *kapikulu* è arduo e da stabilire, ma è comunque certo che durante il conflitto il loro numero

However, in the case of the *Sipahis* and *Silahtars*, these two regiments had grown to enormous proportions – and by the end of the Long War, in the year 1609, there were 20,869 men in the *Sipahy* and *Silahtar* regiments alone.

Additionally, there were provincial *Sipahy Alay* (regiments), these were also made-up of individual *Sipahy*, who were maintained through the award of *timar* –fiefs in the provinces.

These mounted troops were near identical in appearance to the household *Sipahy* and *Silahtar* regiments. It is known that a number of provincial *Sipahy Alay* (regiments), were activated during

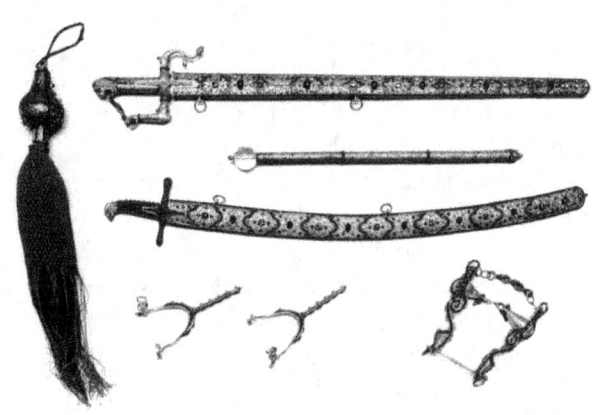

Paloscio, mazza, sciabola, *bunczuk con* coda di crine, speroni e briglie appartenute alla collezione praghese di Rodolfo II d'Asburgo, ceduti nel 1612 all'elettore di Sassonia Cristiano II e custoditi a Dresda fino al 1945. Armi e accessori di cavalleria erano spesso scambiati come doni dalla diplomazia ottomana e questa potrebbe essere l'originale destinazione degli oggetti raffigurati.

Ottoman palas, war mace, sabre, bunczuk horse tail, spurs and bridle belonging to the Prague collection of Rudolph II of Habsburg and devolved in 1612 to the Prince-Elector Christian II of Saxony, preserved in Dresden until 1945. Cavalry weapons were normally exchanged as gifts by the Ottoman diplomacy, as probably happened with these objects.

crebbe significativamente, nonostante il grande incremento di fanteria armata di moschetto. In ogni caso la forza complessiva degli *ulufely* e dei *gureba* rimase relativamente bassa, assommando a un migliaio di uomini per ciascuna divisione. Nel caso dei *sipahy* e dei *silahtar* il numero dei loro *alay* crebbe invece in maniera vertiginosa e anni dopo la fine della guerra, nel 1609, vi erano 20.896 cavalieri di entrambe le categorie.

Oltre a questi contingenti, esistevano *alay* formati dai *sipahy* delle province, cioè dai possessori di un feudo-*timar* ricevuto in cambio del servizio militare a cavallo. Questa cavalleria non era apparentabile a quella del *kapikulu* e normalmente in campagna veniva raggruppata in corpi separati. Durante la guerra del 1593-1606 la cavalleria provinciale fu mobilitata in gran numero, schierata preferibilmente sulle ali del dispositivo di battaglia ottomano. Alla campagna del 1596, culminata con la battaglia di Keresztes, si calcola che fossero presenti almeno 30.000 uomini della cavalleria provinciale, numero che suggerisce la presenza di 30 o più *alay* nell'ordine di battaglia. Nel corso di quella campagna sarebbero avvenuti forti contrasti per motivi economici, episodi che del resto facevano seguito ad altri accaduti nel 1592 e, ancora prima, alla rivolta dei giannizzeri esplosa nel 1589, quando il governo aveva cercato di pagare i salari con moneta svalutata. Nel 1603 un'altra grande rivolta scoppiò a Istanbul per iniziativa dei *sipahy*, duramente repressa dal gran visir Yemişçi Hasan Paşa con l'aiuto dei giannizzeri.

Tatticamente i *sipahy* provinciali combattevano assieme ai soldati a piedi, specialmente negli assedi,

the Long War, and their traditional role in the formal battle organisation of the Ottoman army (as discussed later) was on the wings. However, it appears from the account of mutiny at the Battle of Keresztes, that there were round 30,000 (which would suggest 30 or more *Alay*, employed in the war). It appears from the events in 1596, were the result of lingering disputes over payments not received, as there had been a similar mutiny in 1592, following a Janissary rebellion in 1589 because they were being paid with debased coins. In 1603, there was another revolt in Constantople by the *Sipahy*, which was suppressed by Grand Vizier Yemişçi Hasan Paşa and the Janissaries.

In terms of the employment of the provincial *Sipahy*, these commonly fought mounted alongside the foot soldiers on the battle line; in particular, specialising in flanking and pursuit attacks, with the aim of encircling an attacking enemy, and driving them from the rear into the Janissary battle line. In addition there were also two Janissary Corps Ortas: 64th, and 65th *Ortas*, of lance-armed cavalry. These were the called the *Zagarczs* (Grey Hound Keepers, as they were originally part of the Sultan's hunting establishment).

The Tartars

The Tartars proved a more reliable fighting force, than the Ottoman cavalry. They provided the Ottomans traditionally with unarmored horse-archers, who formed the vanguard of the Ottoman army in Europe in 1596. Tartar military organization was relatively simple, there was the main host, led by the *Khan* himself, who in the

ma il loro impiego specifico prevedeva l'assalto ai lati dello schieramento avversario, con l'obiettivo principale di sostenere la cavalleria nell'azione di accerchiamento e per dirigere i nemici contro i giannizzeri disposti nella posizione centrale della linea di battaglia. Altri reparti a cavallo erano forniti dal corpo dei giannizzeri, attraverso le *orta* 64 e 65 ben riconoscibili dal loro armamento che comprendeva la lancia da cavalleria. Questi fanti a cavallo erano denominati *Zagarczs*, cioè guardiani dei levrieri, poiché in origine formavano la scorta nelle battute di caccia del sultano.

I Tatari

I cavalieri del khan dei tatari di Crimea si dimostrarono un eccellente strumento di guerra al pari della cavalleria ottomana. Essi erano essenzialmente arcieri a cavallo quasi sempre sprovvisti di protezioni in metallo, impiegati per la prima volta in Ungheria nel 1596 con l'avanguardia dell'esercito ottomano. L'organizzazione militare dei tatari era relativamente semplice. Il comandante supremo era lo stesso *khan*, che al tempo della Lunga Guerra era Ghazi'Bora' Khan Girai(1551–1607). Questi fu khan in due differenti periodi: dal 1588 al 1596, e successivamente dal 1597 fino alla morte e assieme a lui agì come vice, col titolo di *Kalga*, Feth Giray suo fratello, che fu a capo di una forza di 20.000 cavalieri. Il numero esatto dei tatari che parteciparono alla guerra, è stato motivo di molte discussioni fra gli storici e alcuni ritengono che il totale abbia oscillato da un minimo di 12.000 a un massimo di 25.000 arcieri a cavallo. Tradizionalmente da parte occidentale si accettavano stime che menzionavano la presenza di 50-60.000 uomini, mentre dall'altro lato viene riferito che nel 1603 il khan Gazi Giray fosse entrato in Ungheria con 50-60.000 uomini. Gli arcieri tatari impiegavano una tecnica molto accurata ed erano spesso in grado di colpire con efficacia da una distanza superiore a quella dei loro avversari. Il generale asburgico Giorgio Basta provò a rimediare a questo inconveniente dotando le truppe imperiali di moschetti con una canna più lunga. I tatari usavano una tattica a sciame, condotta da coppie di cavalieri che si muovevano in avanscoperta, seguiti a poche decine di metri da gruppi di cento cavalieri, che a loro volta

Long War was Ghazi 'Bora' Khan Girai (1551–1607), and he was *khan*, in two different periods: 1588 and 1596, and following 1597 until 1607. As well, there was the Tartar half-host, some 20,000 who were led by the Khan's nominated son – which was the Kalga, Feth Giray. There is some dispute among historians as to how large the total Tartar force actually was in the Long War, and some argue that it was more likely to be a much smaller force of 12,000 – 25,000 unarmoured archers. However, most traditionally accepted accounts seen as reliable, mention 50-60,000 men. As well, the Khan Gazi Giray in 1603, stated that he had entered Hungary with 50-60,000 Tartar warriors. The Tatars' archery was known to be highly accurate, and outranged their opponent's weapons. The Habsburg General Giorgio Basta, during the war responded by arming his troops with extra long muskets in the hope, this would overcome disparity in the ranges between the two weapons. The Tartars employed swarming tactics. Typically, two Tatar horsemen advanced toward their enemy, marking the best place for an attack, then followed by a larger force, of hundreds, and followed by thousands of Tatars moved up, and delivering mass volleys of arrows at much greater distances, and greater accuracy than the defenders could respond with.

During the Long War, the Tartars had largely replaced formations such as the *Akinci*. The *Akincis* was largely destroyed in the battle of Giurgiu on the *Danube* river (24 October 1595) by the Wallachian Prince Michael the Brave. Traditionally, in Ottoman warfare, the *Akincis* operated as provincial cavalry, who were a largely independent frontier forces, under the control a few privileged families providing raiding units, and in time of war operating as the vanguard for the army; as much terrorising the enemy and its populace into submission, as well as destabilising any potential opposition, as the main army advance.

The Janissary

The key Ottoman Army organisation, for the foot soldiers consisted of the following units:
- Janissary Orta (a Battalion or Regiment: likely numbered well over a 1000 men).

precedevano il grosso del dispositivo, forte di corpi formati da un migliaio di arcieri, che una volta avvistato il nemico e scelto la posizione più vantaggiosa bersagliavano di frecce gli avversari con ondate successive. Nel corso della guerra i tatari rimpiazzarono le formazioni di Akinci. Questo corpo tradizionale di cavalieri incursori fu in massima parte distrutto nella battaglia di Giurgiu sul Danubio (24 ottobre 1595), dall'esercito di Michele il Grande di Valacchia. Nell'esercito ottomano gli *Akinci* erano assimilabili alla cavalleria provinciale e formavano una numerosa forza confinaria autonoma, sotto il controllo di poche privilegiate famiglie che allestivano corpi di incursori e che in tempo di guerra operavano con l'avanguardia dell'armata, seminando il panico e la devastazione nel territorio nemico e formando uno schermo attorno all'armata nemica e alla sua avanzata.

I Giannizzeri

L'elemento cardine della fanteria ottomana era strutturato su due basilari ripartizioni tattico amministrative:
- La *orta* : simile al reggimento degli eserciti occidentali o più propriamente al battaglione,

- Janissary Odas (Company: generally numbered 130 men).

During the Long War, there was a rapid increase of the size and composition of the Janissary Corps, and in 1603 it is said to have numbered 37,000 men. The Janissaries were primarily light infantrymen; traditionally bow armed, as well as personally carried a variety of weapons, such as the classic Ottoman curved bladed scimitars swords - the *Mamluk* sword, short spears, and steel war axes, as well as shields. Additionally, a gunpowder hand grenade, with an earthenware body (*Elkumbarası*), and later iron-made, which was common from 1560. All the infantry weapons were preserved by a specific corps, the *Cebeci*, assigned in the garrisons including Janissaries. In 1598 there were 3,000 *Cebecis*.

The new backbone of the Ottoman army in the period of the Long War was battalions of provincial levies armed with muskets (*tüfenk*). In this period, this term referred to a range of weapon types, which broadly included all matchlocks, and which also include the heavier calibre, and longer barrelled weapons, and the traditionally shorter and lighter *arquebus*. The musketeers units were hired for the duration of the campaign. This

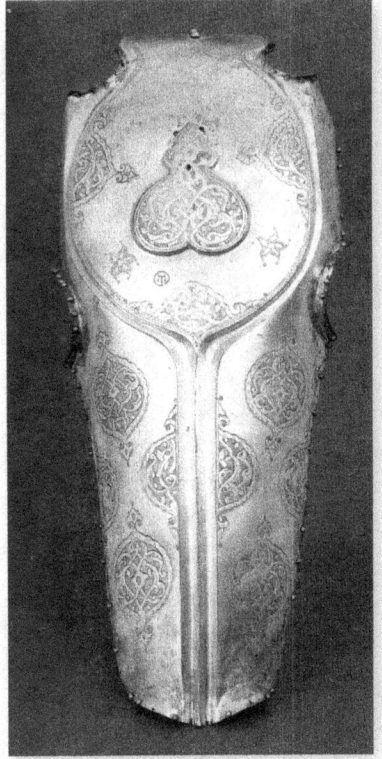
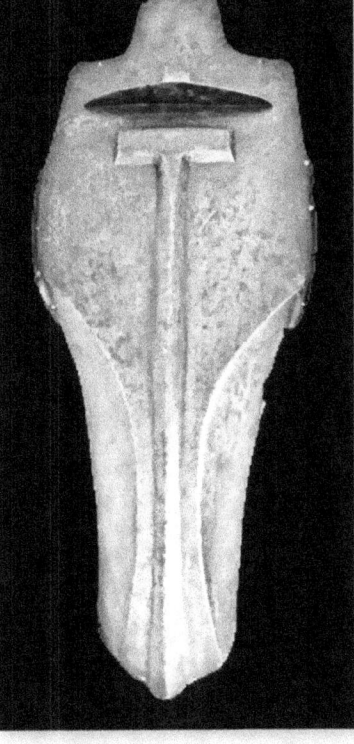

◄ A sinistra un *tombak*, testiera da cavallo, in rame dorato di particolare pregio, realizzato nell'arsenale di Sant'Irene di Istanbul per la corte ottomana. A destra un *tombak* in metallo naturale per l'equipaggiamento di un *sipahy* ordinario. In area ottomana le testiere rimasero le uniche protezioni per il cavallo, diminuite proprio a partire dagli ultimi anni del XVI secolo, quindi leggermente in ritardo rispetto all'Europa occidentale. (*Tombak* ottomani, fine del XVI secolo, Museo Stibbert, Firenze)

On the left a tombak, or armoured horse head plate, made in gilded copper. This dates from the late 16th century, manufactured in the St. Irene arsenal of Constantinople. To the Right, another tobak in steel typically used for ordinary sipahy horses. These defensive head plates were the only horse protection still employed in the Ottoman area. Horse armour decreased in use from the beginning the late 16th century, and later than in Western Europe.

con una forza complessiva fino a 1.000 uomini e oltre.

- La *oda* : paragonabile alla compagnia, generalmente formata da 130 uomini.

Nel corso della guerra si registrò una rapida crescita del numero dei giannizzeri e nel 1603 si stima che fossero iscritti al corpo non meno di 37.000 soldati. I giannizzeri erano sostanzialmente fanteria leggera, tradizionalmente armati di arco e di altre armi personali, come la classica sciabola ottomana o quella di stile mamelucco, lance corte, asce da guerra e a volte uno scudo. Dopo il 1560 erano diventate comuni anche le granate da mano fabbricate in terracotta (*elkumbarasi*) e poi anche in metallo. Tutto l'armamento della fanteria *kapikulu* era conservato da un reparto istituito specificatamente per quel compito: i *cebeci*. Nel 1598 erano presenti 3.000 *cebeci*, assegnati a tutte le guarnigioni che comprendevano giannizzeri.

La nuova spina dorsale dell'esercito ottomano, cresciuta considerevolmente di numero nel corso della Lunga Guerra, fu la fanteria armata di moschetto – *tüfenkci* - reclutata nelle province dell'Impero. In quegli anni il termine *tüfenk* identificava una vasta raccolta di armi, comprendente il pesante moschetto a miccia di calibri diversi e con canne di lunghezza variabile, così come il più leggero archibugio. Le unità armate di moschetto erano arruolate per la durata di una campagna e quest'aspetto costituì un elemento distintivo dell'esercito ottomano, che introdusse una sorta di coscrizione per la formazione di una milizia equipaggiata di moderne armi da fuoco, invece di ricorrere alla comune pratica introdotta nel resto d'Europa dell'arruolamento di mercenari professionisti, i quali dominavano i campi di battaglia dell'epoca. Una significativa eccezione accadde, però, proprio nel corso della Lunga Guerra, quando fu accolto un consistente gruppo di mercenari francesi e valloni che nell'agosto del 1600 avevano disertato dalla guarnigione di Papa. Le diverse *orta* dei giannizzeri erano impiegate in campagna indipendentemente dalle loro funzioni originali. Alcune di esse erano state formate per fornire specifiche funzioni, come per esempio la numero 4 – *Deveci*, cioè 'cammellieri' – perché incaricata di formare la scorta al treno d'armata, ma alla fine del XVI secolo tutte le

made the Ottoman army distinctive from their European adversaries, during the Long War, as the Ottomans relied on domestic raised musket bearing troops (*tefenkendaz*), in lieu of the more common practice, in central Europe, of hiring from the bands of professional mercenary companies, which dominated warfare in this period. In the period, of Long War, the Ottomans did begin enlisting European mercenaries, namely French and Walloon mercenary deserters, who had formed the garrison of Papa in August 1600. They apparently served for the Ottomans throughout the Long War.

The various Janissaries *Orta* (battalions/regiments), irrespective of their historical function – as each Janissary unit were originally formed to provide a specific military function in war, such as the 4th *Orta*, was known as the *Deveci* (camel drivers unit), because it originated to escort the baggage train; were now trained specifically as musket-bearing Janissaries.

In addition, this force was expanded by establishing formations of specifically musket-bearing infantry, generally known as the *Sekban* who unlike the historical Janissary corps, themselves did not have any badges – but they were numbered as *sekban Orta* 1-34. And, by 1596, these troops had risen to 20,000 men.

Generally the *Sekban Orta* soldiers were employed as garrison guards. However, they like the rest of the Janissary, were trained and drilled in volley-fire, and in formation firing tactics. And in the Long War, joined the older established Janissary *Orta* in the field.

The Artillery Corps (*Topçu Ocağı*)

The key Ottoman Army organisation, for the artillery consisted of the following units:

- The field artillery was organised into *Cemaats* (Corps: that numbers 100-250 men each).
- *Bölük* (Files or 'Regiments': for the Artillery and the *Arabacıs* - Wagoners' Corps, of some 100 men each).

The field artillery within the Artillery Corps, during the period of the Long War, was known to have numbered 2,827 men in 1598 (this figure does not account for the numbers employed in the border fortresses and the provincial artillery

► Un *odabasi*, capo di una *oda* (camera) dei giannizzeri. L'ufficiale indossa l'abito destinato alle cerimonie e alle parate. L'iconografia occidentale raffigura un gran numero di soldati ottomani nei loro coloratissimi abiti e copricapi. In campagna, verosimilmente, questo ufficiale indossava come copricapo un semplice turbante, che rimpiazzava l'ingombrante berretto *ak börk*. Notare l'arma d'asta che identificava gli *odabasi* dei giannizzeri. (Incisione di Melchior Lorck datata 1582)

An Odabasi, or commander of an oda (chamber) of the Janissary. He is wearing gala-dress for parade, or other official functions. Western iconography represents a large number of Ottoman soldiers with their colourful costumes and headgears. On campaigns however, this officer probably wore a less conspicuous turban, than the bulky ak börk cap. The Odabasi distinctive weapon was a pole arm.

orta erano unità addestrate a combattere con armi da fuoco portatili. Alla forza originaria furono aggiunte nuove *orta* classificate come *sekban*, le quali a differenza delle unità anziane non avevano diritto ad alcuna insegna, ma che occuparono i primi posti della serie prendendo i numeri identificativi da 1 a 34. Nel 1596 questi nuovi giannizzeri assommavano a una forza di 20.000 uomini. Le *orta* dei *sekban* erano state originariamente formate come reparti destinati al servizio di guarnigione, tuttavia come accadeva per tutti i giannizzeri, anche loro erano addestrati a combattere in campo aperto e istruiti al fuoco di moschetteria per linee. Più volte nel corso della guerra i *sekban* seguirono l'armata in campagna e presero parte ai combattimenti campali al pari delle *orta* più antiche.

L'artiglieria (*TopçuOcağı*)

Il corpo d'artiglieria ottomano era strutturato nel modo seguente:
- l'artiglieria da campagna, organizzata in *cemaat* (corpi di circa 100-250 uomini)
- *Bölük* (unità di un centinaio di uomini, per l'artiglieria) e *arabaci* (conduttori, per il treno d'armata)
L'artiglieria da campagna all'interno dell'intero corpo d'artiglieria ottomano era formata nel 1598 da 2.827 uomini, numero che non teneva conto del personale assegnato alle fortezze e quello degli artiglieri arruolati su base provinciale. Generalmente l'iconografia ottomana risalente alla Lunga Guerra (come quella relativa alla battaglia di Keresztes del 1596) mostra batterie di

units). Generally, Ottoman court paintings in the period of the Long War (such as depicting the Battle of Keresztes), show a battery of nine or more field guns deployed within a single unit. This appears to show, that the individual artillery regiments, were deployed in much larger brigaded lines, with a continuous line of guns. One curious aspect is that these gun lines show only a few individuals working a larger number of guns, rather than the more familiar crew of four-five men working a gun each. As well, the Janissary, and other Ottoman foot soldiers are shown deployed directly behind the guns firing over these in long lines (this may be representing tactics where Janissary formed three ranks, and fired from the chained cannons). In which case, the gunners themselves are sheltering directly behind the guns as they are fired by an individual gunner in quick succession. This would lead to

nove o più bocche da fuoco disposte in una linea continua. Questo tipo di rappresentazioni allude al fatto che ogni unità d'artiglieria era disposta all'interno di 'brigate' schierate in successione. Un aspetto curioso di queste illustrazioni è che dietro le batterie si vedono solo pochi artiglieri invece dei più familiari gruppi di quattro o cinque serventi per cannone. Nelle stesse immagini sono riprodotti i giannizzeri schierati immediatamente dietro i cannoni. Questo stile rappresentativo mostrerebbe che in campo aperto i giannizzeri, schierati su tre file, prendevano posto al riparo delle bocche da fuoco i cui affusti erano incatenati per rendere più coeso lo schieramento. In quel caso i cannonieri stessi si troverebbero a loro volta dietro i giannizzeri e i cannoni, già caricati, erano innescati in successione da un singolo artigliere. Questo ci fa capire che gli artiglieri tornavano ai cannoni solo per ricaricarli e per rimetterli in posizione a seguito del rinculo, ma poi tornavano al riparo immediatamente dopo, lasciando tutto lo spazio ai giannizzeri in prima linea e rendendo loro più agevole il tiro. I cannoni ottomani impiegati sui campi di battaglia della Lunga Guerra erano in genere fusi in bronzo e in un singolo pezzo, in grado di sparare sia proiettili di pietra che in metallo e in campagna ogni pezzo era accompagnato da un carro con polvere e proiettili per almeno 100 tiri. Dalla metà del XVI secolo gli ottomani impiegavano cannoni suddivisi su calibri standard secondo il peso-massa, misurato in *okka* (approssimativamente 1,29 kg), da un minimo di 8 a un massimo di 22 okka, che sparavano proiettili da 10 fino a 27 kg. Il pezzo da campagna leggero, chiamato *Kolumbrina* (simile alla tipica colubrina occidentale), era il cannone più piccolo usato dall'artiglieria ottomana. Queste bocche da fuoco avevano calibri compresi fra 1,5 e 7 *okka* e sparavano proiettili di 1,9 kg.

C'erano naturalmente cannoni di calibri ancora più grandi, come il *basilisk*, il pezzo tipico d'assedio o da fortezza montato su affusto. Queste armi erano di calibri compresi fra 11 e 14 *okkae* sparavano proiettili di 14-17 kg. In Ungheria l'artiglieria ottomana impiegò bocche da fuoco ancora più grandi, fra cui un tipo denominato *kanon* nelle fonti turche. Durante il conflitto gli ottomani impiegarono anche piccoli pezzi serviti da tre ar-

a situation were not only would the crews need to return to the guns to reload these but as well pushed these back into line, to compensate for the inevitable recoil of the weapons themselves. Ottoman field guns employed on the battlefield in the Long War were generally single piece cast bronze, firing stone or cast iron projectiles, and it is known that the artillery units accompanying expeditions carried an ammunition load of 100 balls and gunpowder for each cannon. In general, the Ottomans from the mid-16th century tended to use guns that ranged, according the Ottoman measurement of mass weight – an *okka* (approximately 1.29 kg), of 8 to 22 *okka* calibre guns, that fired a 10-27 kg ball. The field mobile *Kolunburna* (the typical European culverins), were the Ottomans' lighter field guns. These ranged between 1.5 to 7 *okka* calibre guns, which fired a 1-9 kg ball. The larger types of guns employed in Hungary, in the years of the Long War, the Ottoman used several *Basilisks* (a type of siege/ fortress gun, on a field carriage).These guns ranged between 11 to 14 *okka* calibre guns, which fired a 14-17 kg ball. However, much larger calibre guns of this type were documented, and the word *Kanon* (cannon), is often used in the same sense to identify these weapons. The Ottomans also employed a three-crew gun, called a *Darbzen*, which according to illustrations appear to be a type of swivel gun, of 1.5 *okka* (1.2-2.5 kg ball), and three hundred of these were cast for the 1596 Hungarian campaign.

Battle Tactics

During the Long War, the Ottomans began to develop for themselves new infantry tactics, and this mainly involved the Ottoman use of musketry volley fire, and training the Janissary light infantry *Orta* to organise into field formations of two to three ranks, allowing men at intervals to load, fire and reload simultaneously. As well, by the time of the Long War, irregular light infantry forces, such as the *Azab*, who provided a covering screen to the main army formation on the battlefield, had declined significantly, as the use of muskets increased in the Ottoman army. The Ottomans were largely relying on firepower alone to break-up advancing enemy, rather than

tiglieri, detti *darbzen*, che dalle illustrazioni sembrano essere armi con calibro di 1,5 *okka*, dotati di una carica a camera girevole, e che sparavano proiettili di 1,2/2,5 kg. Trecento di questi pezzi furono fusi per la campagna in Ungheria del 1596.

Tattiche di combattimento

Durante la Lunga Guerra Turca gli ottomani iniziarono a sviluppare nuove tattiche di fanteria e questo li spinse a un impiego sempre maggiore del fuoco di fila, schierando i giannizzeri e la fanteria in formazioni con una profondità di due o tre ranghi, disponendo le file a intervalli sufficienti per permettere ai soldati di caricare e fare fuoco senza ostacolarsi. In questo modo, l'antica tattica che prevedeva di utilizzare la fanteria leggera irregolare, gli *azab*, come schermo davanti alla formazione principale, declinò in modo rilevante man mano che aumentò il numero dei moschetti. Gli ottomani avevano già sperimentato l'efficacia delle scariche simultanee della moschetteria, preferendola ai tiratori schierati in ordine sparso per ostacolare l'avanzamento degli avversari. Ad ogni modo, la tradizionale tattica della fanteria leggera non scomparve del tutto e gli *azab* furono spesso impiegati secondo l'antica disciplina di combattimento, schierati soprattutto alle ali per schermare l'artiglieria pronta a fare fuoco.

Nel corso della guerra, gli Ottomani dimostrarono ancora un certo favore per l'arco composito, impiegato assieme al moschetto, che in caso di

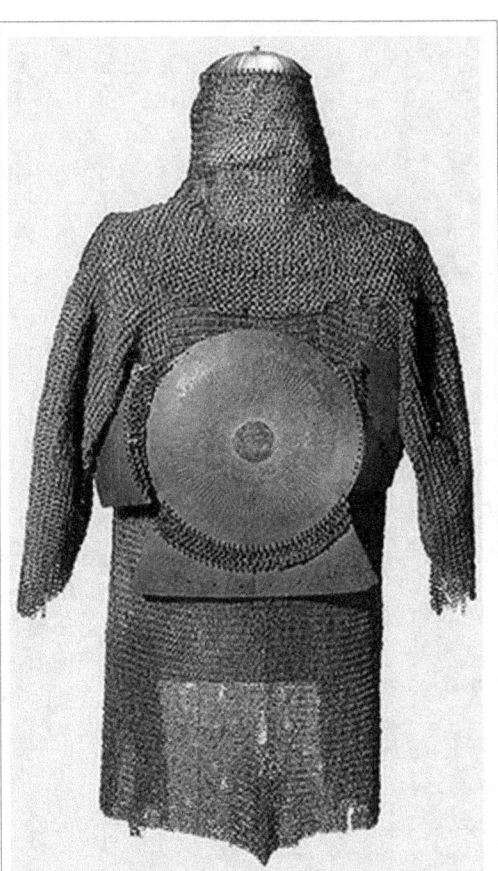

▲ La *chahar-aine*, o armature dei tre specchi, era la protezione metallica più comune della cavalleria ottomana nel XVI secolo. L'armatura, originaria della Persia, era largamente diffusa fino all'India settentrionale. Gli ottomani impiegarono la *chahar-aine* a partire dal XV secolo.

The chahar-aine, or three mirrors armour, was the most common Ottoman cavalry defensive weapons in 16ᵗʰ century. This armour, originated in Persia, was also largely diffused throughout Northern India. The Ottomans employed chahar-aine starting from 15ᵗʰ century.

the traditional use of the *Azab*, to harass and foul-up the formations of on-coming troops. However, traditionally, the light troops, such as the *Azab*, would, when charged, wheel away to the extreme right and left, of the main battle formation so as to unmask the awaiting artillery.

The Ottomans, throughout the Long War, tended to still favour the composite bow, as the muskets available at the time, were prone to misfires, and only offered a slow rate of fire. Whereas the composite bows, by comparison were accurate, reliable, and had a high rate of fire (nine to ten shots per minute against one shot per two to three minutes). An experienced archer could lose arrows with an effective range of up to 300 meters, even when charging at full pace, whereas the period muskets were limited to 70 meters (and had to be fire sanding, or resting the gun). Ottoman court paintings depicting events such as the battle of Keresztes, tend to confirm the reliance on the bow. As well, shows other significant features of Ottoman battle tactics in the period of the Long War. Referred to as a *Tabur Cengi* formation, this generally involved the cavalry arranged in a large crescent encircling the entire rear of the foot soldiers and artillery. They were deployed in a line within the open front between the crescent horns; the artillery arranged in a long line (often chained together – forming a barrier), and directly behind these long columns of Janissary. They are

pioggia risultava inutilizzabile e offriva una bassa frequenza di tiro. L'arco invece era accurato, sempre pronto all'uso e offriva una frequenza di tiro ragguardevole: da nove a dieci frecce il minuto contro un colpo di moschetto ogni due o perfino tre minuti. Un arciere allenato poteva scagliare frecce fino a 300 metri, mentre un arma da fuoco di quegli anni, anche se caricata alla massima potenza, era efficace entro un raggio di appena 70 metri. Le miniature di corte ottomane confermano la presenza dell'arco in battaglia, come pure ci mostrano altri importanti aspetti delle tattiche di combattimento ottomane al tempo della Lunga Guerra. Fra queste appare molto interessante la cosiddetta formazione *Tabur Cengi*, la quale coinvolgeva la cavalleria disposta nel caratteristico schieramento a crescente che si estendeva oltre le ali della fanteria e dell'artiglieria. I giannizzeri sono raffigurati mentre marciano disposti su due linee negli spazi fra i cannoni, in modo da schierarsi rapidamente per fare fuoco. Molte truppe particolari, come la guardia personale del sultano – i *solak* – sono raffigurati mentre usano l'arco. Questa particolarità suggerisce che i comandanti ottomani lanciavano sortite in colonna attraverso le batterie, rimuovendo le catene dai passaggi predisposti fra i cannoni o semplicemente saltandole, tattica che mostrerebbe un alto livello di sofisticazione, specie quando il fuoco dell'artiglieria era utilizzato per bombardare a lungo raggio una forza attaccante, dando alla fanteria l'opportunità di avanzare lungo i corridoi sotto copertura, ottenendo al contempo il massimo effetto dal fuoco dei cannoni. Questo manteneva gli avversari sotto il tiro concentrato più a lungo possibile: una tattica che avrebbe rivelato tutta la sua efficacia sui campi di battaglia alla fine dell'era Napoleonica. In questo modo gli ottomani compensavano la scarsa gittata delle armi da fuoco portatili associandole al maggior raggio di azione dell'arco composto. E' noto che certi comandanti schieravano i giannizzeri su più righe per ottenere maggiore profondità, costringendoli a una rotazione prolungata mentre facevano fuoco e questo avveniva quando eseguivano un avanzamento contro postazioni avversarie, com'è raffigurato in molte illustrazioni dell'epoca.

shown marching in two lines through the spaces between the guns (for rapid deployment into fire lines – as has been discussed previously). And many of these troops in particular, the Sultans personal guard (his *solak* bodyguard archers) are shown bow armed. These tactics in particular, may indicate that the Ottomans were able to undertake column advances through the spaces, where they launched offensive sorties.

Between the individual artillery guns (provided the connecting chains had been removed – or alternatively these were jumped), which at any rate tends to show a high level of tactical sophistication, where the fire from artillery is used to bombard the attacking force, at longer range; giving the infantry opportunity to advance along these fire corridors under cover from gun fire, as well as maximise the effect of the guns – keeping the advancing enemy under fire for as long as possible (tactics, such as these would come to dominate the later Napoleonic battlefield); as well, as compensate for the lack of firepower and limited range of the handheld weapons such as the muskets (added to which the use of the composite bow, further compensated for the shortcomings of these early firearms). It is also known, or stated to be the case that the Janissaries preferred several rows of deep formations, which allowed them to achieved a continuous barrage of fire by rotating rows forward. Which may in fact be referring to the column advances, as these are shown to be several ranks deep in period illustration.

The Janissary Corps' use of muskets, based on period illustrations famously by Melchior Lorck (1570-83), and Hans Weigel (1577), shows the classic Janissary Corps musketeer, which was still the same in the period of the Long War, with particular features, such as:

-The 'bag-style' of ammunition pouches, used by the Janissary Corps musketeer, which is either looped on a belt, or has its own shoulder carry strap.

-The powder horn, hung from the belt.

-The heavy curved bladed scimitars swords - the Mamluk sword, hanging on two straps from the belt, or on a longer shoulder carry strap.

The amount of ammunition carried by a Janissary,

I giannizzeri usavano il moschetto come si vede nelle famose illustrazioni di Melchior Lorck (datate 1570-83) e Hans Weigel (stampate nel 1577), nelle quali il classico moschettiere del *kapikulu*, in pratica lo stesso del periodo della Lunga Guerra, è così equipaggiato:

-una piccola borsa porta munizioni, sospesa alla vita con una cintura, oppure con una tracolla;
-un corno porta polvere appeso alla cintura;
-una pesante spada curva appesa con due cinghie alla cintura, oppure pendente da una tracolla.

La quantità di munizioni in dotazione a ciascun giannizzero è tuttora oggetto di svariate congetture. Alcune fonti riferiscono che prima di ogni battaglia ciascun giannizzero riceveva fino a 300 palle di moschetto e relativa polvere da sparo. L'armamento era riconsegnato ai *cebeci* dopo ogni battaglia per la manutenzione o eventuali riparazioni. Per questo i *cebeci* usavano speciali carri dove custodivano le armi e i giannizzeri ricevevano i moschetti solo per l'addestramento o nell'imminenza di uno scontro; pertanto nel resto del giorno erano praticamente disarmati e l'immagine tradizionale occidentale dei giannizzeri che marciano con le armi in spalla sarebbe da considerare come inesatta. Tranne che in alcuni singoli casi, accaduti in genere dopo 1558, è noto che i soldati professionisti erano liberi di acquistare i propri fucili dai locali produttori e importatori di armi. I giannizzeri erano schierati in formazioni profonde, specie sulla difensiva, come quando erano collocati negli spazi fra i cannoni, tuttavia durante gli assalti intere colonne potevano essere formate per caricare in corsa gli avversari che si trovavano a una distanza ravvicinata e che magari avevano perduto la coesione per effetto del fuoco continuo dell'artiglieria e delle armi portatili. In

in these bag-pouches is open to conjecture. The Janissary, are said to have been issued some 300 balls, and sufficient powder for their individual firearms, to each soldier before battles. This equipment was collected after the battle, for maintenance and repairs etc. The *Cebecis* used special transport wagons, and the Janissary only ever saw weapons when they were training, or preparing for a battle; other than that they were largely unarmed – so the representation of Janissary marching to wars carrying their weapons, commonly seen in modern films and illustrations, may not be that accurate. Except in some individual instances, where typically after 1558, it is known that Janissary were increasingly free to buy their own muskets, from imported gun makers.

The Janissaries mainly employed the deep formations when on the defensive, such as when they were deployed between the artillery guns. Whereas on the offensive, the whole column could forge forward, in an all-out assault at full running speed when the enemy was within close proximity, and had already lost coherent battle formation, having been continuously under fire from artillery and small arms. The Janissaries,

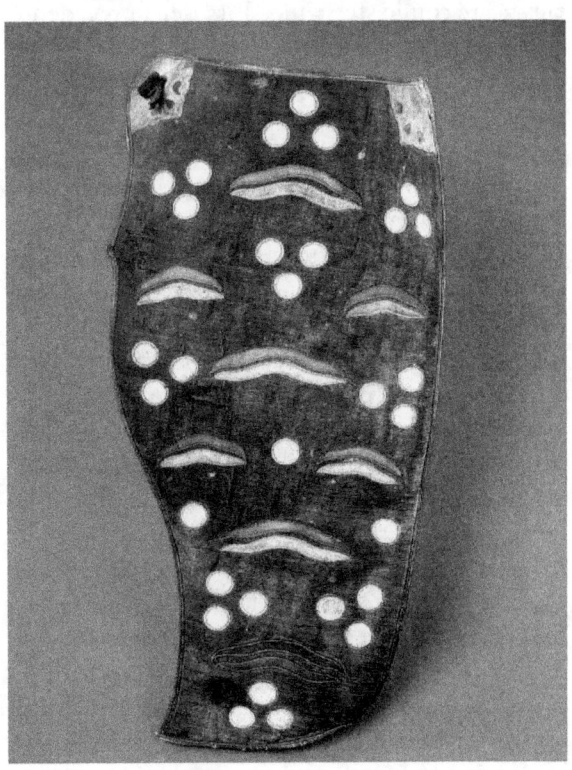

► Un raro turcasso ottomano del XVI secolo, oggi conservato nell'armeria del castello di Coira in Austria. Gli *czintamani* in conchiglia sono alternati con simboli a onda dipinti su cuoio naturale con accessori in ottone. Arredi come questo erano comunemente impiegati dai cavalieri provenienti dall'Anatolia.

A rare 16th century Ottoman bow quiver, today preserved in the armoury of the castle of Churburg, Austria. The czintamani in seashell are alternate with painted weave symbols, on natural leather and brass accessories. Similar weapons were commonly used by Anatolian cavalry.

quegli anni i giannizzeri erano famosi per l'alto livello di disciplina del corpo, per il coraggio e per l'addestramento che gli permetteva di mantenere la formazione di combattimento anche sotto il fuoco prolungato degli avversari. Ogni ufficiale dei giannizzeri sapeva che era questo il principale compito da rispettare, curando lo schieramento della propria *orta*, specie in campo aperto, scoraggiando gli uomini dal prendere copertura e prevenendo ogni disordine fra e file. Tradizionalmente i giannizzeri usavano il fuoco per righe secondo una modalità che alcuni storici fanno risalire proprio al tempo della Lunga Guerra. Una testimonianza risalente al 1605 fornisce alcune indicazioni riguardo alla tecnica di fuoco, descrivendo come ciascuna *orta*, che poteva essere formata da 1.000 giannizzeri, era schierata su tre righe, con ciascun soldato in piedi pronto a fare fuoco con la miccia accesa, mentre tradizionalmente altra miccia era portata arrotolata all'avambraccio come scorta. Un ciclo di fuoco durava il tempo necessario per caricare un'arma e iniziava con la prima riga che sparava contemporaneamente; dopodiché s'inginocchiava e iniziava la ricarica per il tiro successivo. Seguiva la seconda riga che, dopo aver sparato, iniziava a ricaricare con le stesse modalità della precedente. La terza riga faceva quindi fuoco sopra le prime due e a quel punto il ciclo ricominciava. Questo processo permetteva a una *orta* di sparare circa 330 proiettili per riga, ogni 20 secondi nelle prime tre scariche, e approssimativamente 1.000 colpi al minuto. Al momento opportuno, se il fuoco otteneva il risultato di scompaginare la formazione nemica, i giannizzeri caricavano con le armi bianche individuali. Il volume di fuoco totale raggiunto dai giannizzeri e quanto a lungo questo fosse effettivamente mantenuto, è argomento ancora da approfondire. Come accennato, questo dipendeva da quante munizioni erano trasportate da ciascun soldato. A titolo d'esempio, se un giannizzero riceveva 300 palle di moschetto – cosa non del tutto improbabile – come affermano certe fonti, l'autonomia di fuoco doveva essere molto prolungata. In ogni caso, 300 palle di moschetto rappresentavano un peso in metallo considerevole da trasportare sul campo di battaglia. Durante la Lunga Guerra i

where renowned in this period for a high levels of discipline, courage and training and thus being able to maintain their formations even under fire. And this was the most important tasks of the Janissary officers, was to keep the *Orta* in formation, even in the open, and discourage men from taking cover, when fired on, as well as from breaking order. Traditionally, the Janissary fired their weapons using early volley fire techniques (which historians have argued were well established by the start of the Long War). Eyewitness accounts form 1605, give some indication of the Janissary volley fire in practice, describing how the *Orta* (which could number over 1,000 men), was drawn-up in three ranks; with each soldier ready with his match-cord lit (traditionally, as well, extra match cord was tied loose around the left-arm, or wrist and sometimes lit, so it smouldered). The cycle of fire (likely over a minute – as this was the typical rate of reloading time), beginning with the first rank firing their weapons. The first rank bends-down to reload, while the next rank fires, and they themselves bend-down (reloading). The third rank then fires over the backs of the first two ranks that are in the process of reloading. After, the third rank has fired, the first rank stands again, and fires their weapons (with the back-third rank taking the time to reload). This process allowed the Ottomans at a minimum to deliver nearly 330 rounds per-rank, every 20 seconds; and approximately a 1,000 rounds at a target ever minute (depending on the unit size).At a sufficiently apt moment, the fire fight with the enemy would cease and the Janissary would charge into the enemy fighting individually with their bladed personal weapons. The amount of weapons fire delivered by a Janissary *Orta*, armed with muskets, and how long this fire-fight actually lasted is again open to conjecture, as this depends on how much ammunition was being carried by each Janissary to start with. For example, if it was the full 300 rounds, said to have been issued to each Janissary (which is not implausible), this could have lasted a considerable period of time. However, 300 rounds do represent a considerable weight of metal being carried by each soldier on the battle field. During the Long War, the Janissary typically

giannizzeri impiegavano moschetti che sparavano proiettili di 12-15 grammi, con un calibro di 13-14 mm. Questi moschetti misuravano 115-140 cm di lunghezza e pesavano 3-4,5 kg ciascuno. A questo si dovrebbero aggiungere altri 4,2 chili di piombo, trasportati nella borsa portamunizioni.

Il ruolo della cavalleria in battaglia era noto fin dagli scontri avvenuti sul confine croato-ungherese nel 1591 e nel 1592, condotti dagli ottomani proprio in preparazione della guerra. La cavalleria cercava sempre di aggirare e colpire alle spalle gli avversari, pronta a completare l'accerchiamento del nemico mentre era impegnato a rispondere al fuoco dell'artiglieria e della fanteria, coprendo gli spostamenti muovendosi dietro le proprie truppe a piedi schierate in prima linea. Un ulteriore ruolo della cavalleria era quello di attirare gli avversari verso il centro del dispositivo di battaglia, fingendo una ritirata per esporli al fuoco concentrato dei cannoni e della moschetteria. La cavalleria forniva anche sostegno alla fanteria in linea di battaglia assicurandone i fianchi; in particolare durante i combattimenti difensivi i *sipahy* erano posti alle ali e subito dietro le truppe a piedi, sostenendole in combattimento con i loro archi, oppure smontando e combattendo appiedati come facevano i cavalieri occidentali loro contemporanei.

Oltre a incatenare i cannoni, l'esercito ottomano impiegava i propri *arabaci* (conduttori), ascendenti nel 1598 a 700 uomini, per migliorare la protezione offerta dalla formazione *Tabur Cengi*, realizzando un adattamento dell'antica tattica dei carri ussiti. Questi carri, appositamente preparati per la difesa, erano allineati e incatenati assieme sulla stessa linea delle batterie per offrire una protezione supplementare alla fanteria e agli artiglieri, come una palizzata fortificata protetta come sempre ai fianchi dalla cavalleria. A giudicare da una miniatura coeva della battaglia di Keresztes, si direbbe che esistessero diverse versioni della medesima tattica e inoltre, come notato da alcuni storici, non si trovano esplicite raffigurazioni dei carri preparati dagli *arabaci*. Nella miniatura presa in esame si vede una linea di canoni e subito dietro questa ci sono i giannizzeri, un gruppo dei quali è posizionato sopra un grande

used firearms that fire bullets of 12-15 grams; which approximately translated to gun calibres of 13-14mm. These muskets were 115-140cm long, and weighted 3-4.5kg each. This would suggest as least 4.2 kg of lead balls being carried by each man in the 'bag-style' of ammunition pouches, slung over the shoulders on a carry strap, or looped on their belt.

The role of the cavalry is also known from mock-battles staged by the Ottoman army in 1591 and 1592, in preparation for the Hungarian campaign as part of the army's training and drills. The cavalry encircling the rear of the army battle group, readied to complete the encirclement of the enemy engaged at the artillery barriers with the Janissary infantry, by sweeping-in from the flanks and behind them. The additional role of the cavalry, was not only to out flank the on-coming enemy, but also to feign retreats, in order to encourage enemy frontal assault. The cavalry are also known (as previously discussed), to have directly supported the foot soldiers in the battle line, from their flanking positions; in particular, during defensive battles the *Sipahys* either stationed behind the infantry, could support them firing arrows, or even dismounting, to fight as armoured squads, similarly to European dragoons in the period.

In addition to chaining guns together, the Ottoman army had the option of using their *Arabacis* (Wagoners' Corps), which in 1598, had 700 men. The role of the *Arabacis* was to reinforce the defensive tactics of the *Tabur Cengi* formation with the addition of specially adapted *Hussite wagenburgen*. These specifically fortified wagons, were lined-up, and chained together, with the artillery line, and then manned with several *Orta*, of bow and musket armed Janissary, including the artillery gunners operated as fixed fortified palisade; and secured within the wings of the cavalry. However, it appears from the Ottoman court paintings of the battle of Keresztesof that a different arrangement was actually used, as well may answer the question – as noted in modern history that the design of the *Arabaci* wagons are now missing. This shows a line of guns, behind which are the Janissary infantry, and one group of which are standing other top of a large four

carro a quattro ruote tipicamente ottomano, con un parapetto in legno che offre protezione ai soldati che si trovano a bordo, mentre altri oggetti, che sembrano grandi scudi circolari, appaiono montati su un lato del carro. Questo è posizionato dietro i cannoni e serviva pure come traino per le bocche da fuoco e per trasportare le munizioni. Il carro forniva ai soldati una piattaforma elevata dalla quale potevano fare fuoco sopra le teste dei loro compagni.

Un'altra specialità di fanteria impiegata in battaglia dagli ottomani erano i soldati corazzati. Una formazione di 50 soldati corazzati, impiegati a sostegno di 100 fanti armati di moschetto è ricordata in una fonte ottomana nell'ottobre del 1598, quando fu inviata in campagna assieme alle altre truppe. Questi soldati potrebbero essere stati dei *sipahy* appiedati, oppure *ztrhli nefer*, giannizzeri con elmo e maglia di ferro. Questi combattenti operavano in piccoli gruppi da 30 a 100 uomini e indossavano protezioni quasi complete, incluso uno scudo rotondo di metallo spesso abbastanza per proteggerli dal tiro dei moschetti a lunga distanza. L'utilizzo principale di questi soldati era negli assedi, ma la loro presenza è ricordata anche in campo aperto. Si trattava di uomini addestrati a prendere d'assalto i posti fortificati e ad aprire brecce nelle mura approfittando dell'oscurità, usando la sorpresa e la rapidità. Non esistevano *orta* specificatamente designate per quel compito; si trattava infatti di comuni giannizzeri tratti dalle loro unità e che per questo ricevevano lo status particolare di *ztrhli nefer*. A causa della singolarità delle loro azioni, spesso considerate suicide o quantomeno audaci, questi soldati erano conosciuti con l'appellativo *dely* – pazzi – oppure *serdengecdi*, aggettivi che poi accompagnavano il nome di coloro che avevano ricoperto quegli incarichi. Gli *ztrhli nefer* avevano una relazione diretta con i *silahtar* della cavalleria *kapikulu*, poiché entrambi erano scelti fra i migliori soldati dell'impero. Un combattente che in battaglia compiva un'azione particolarmente meritevole poteva aspirare a una promozione nei *silahtar*, per cui diventare uno *ztrhli nefer* e sopravvivere a una missione suicida era il modo migliore per ottenere quel posto.

wheeled cart (of typical Ottoman design), with waist high timber bulwark (which acted as a barrier to people climbing-up), what appears to be additional large circular shields (with a large boss), mounted high on the side of the wagon, for added protection. This wagon is set behind the guns, as the wagon itself was actually used as the guns limber, and carried the gun's ammunition. The wagon provides a high platform for the soldiers to fire well over the heads on the other soldiers on the ground.

An additional small unit of soldiers, known to have been used in Ottoman battles in the Long War were the armour-clad infantry soldiers. For instance, a small unit of 50, supporting 100 musketeers are recorded has been send in campaign in October 1598. These armour-clad infantry soldiers could either be the dismounted Sipahis (as has been described previously), or the *Ztrhli Nefer* (armoured Janissary infantry). These particular armoured infantry operated in small 30 to 100 strong bands of hand-picked soldiers. Wearing the best and heaviest armour, including the round iron plate shield which was heavy enough to protect even against musket fire at extended ranges. Typically, the *Ztrhli Nefer* primary role was in sieges; however these also were used on the open battlefield. These troops were tasked with storming the enemy strong points and breaches in the walls, often under the cover of darkness and using stealth and surprise. There was no actual *Orta*, these were in fact ordinary Janissary released from their respective unit, and were giving a special status: *Ztrhli Nefer*. Because of their unusual, and almost suicidal and courageous battle tactics, nicknames such as the *Deliler* (the crazies) and the *Serdengecdiler* (men who does not care if they lived or died), were often used nicknames given to the individual Janissary undertaking this work. The *Ztrhli Nefer* had a connection with the Silahtars (Household Cavalry), and were chosen from the best warriors in the Ottoman Empire. Any Ottoman soldier who committed a significant deed on the battlefield may have been promoted to the *Silahtar*. And joining the *Ztrhli Nefer*, and surviving their near suicidal missions was one way to do so.

▲ *Acemioglani*, i cadetti del corpo dei giannizzeri, rappresentati mentre marciano in parata nel Codex Vindobonensis, realizzato fra il 1590 e il 1595 per l'imperatore Rodolfo II d'Asburgo. L'aspetto insolito del disegno è che queste giovani reclute stanno marciando armate di moschetto, al cui uso erano addestrate dal soldato più anziano della loro *orta*. Le reclute più promettenti erano ammesse nella scuola del Topkapi per essere istruite come paggi del sultano. Essi marciavano immediatamente dietro il sultano e normalmente nell'iconografia ottomana sono rappresentati sempre dietro al sovrano. I loro incarichi comprendevano la funzioni di messaggeri e portaordini nell'esercito , all'interno del quale potevano risalire la gerarchia fino a diventare ufficiali superiori.

Acemioglani, the cadets of the Janissary Corps. This illustration shows them marching in parade in the Codex Vindobonensis, an illustrated book painted between 1590 and 1595 for the Emperor Rudolph II von Habsburg. The unusual aspect of this picture is that these juvenile soldiers are armed as musketeers, and were trained by the older men in their ortas as cadet-novices. The more promising boys recruited into the Janissay, were enrolled in the Imperial Court's Palace School, becoming the Sultan's pages, They rode directly behind the Sultan (and and are usually shown right behind the Sultan), and acted as his battlefield couriers, a job given to pages; as these young men were slated as future senior officers.

▼ Una scena di tortura in un'incisione di un anonimo artista della fine del XVI secolo. Crudeltà e violenze reciproche contrassegnarono le guerra contro gli ottomani. Nonostante in certi casi i termini di resa di una città fossero stati rispettati, il destino dei prigionieri restava molto spesso appeso a un filo. Dopo la resa di Hatvan, avvenuta nell'agosto del 1596, tutti i difensori ottomani erano stati eliminati. Un mese dopo, l'episodio fornì il pretesto per il massacro della guarnigione imperiale che si era arresa a Eger.

A Torture scene in an engraving by an anonymous artist, circa 1580. Cruelty and reciprocal violence marked the wars against the Ottoman Empire. Although in some cases the terms of surrender had been respected during the sieges, the fate of the prisoners was not often sure. After the surrender of Hatvan, in August 1596, all the Ottoman defenders were executed. A month later, the incident provided the pretext to massacre the imperial garrison who surrendered in Eger.

▲ Giannizzero con portapolvere e borsa per le munizioni in un'incisione di Melchior Lorck datata 1587. Notare la miccia avvolta attorno al braccio destro. Alcune fonti riferiscono che i fanti del *kapikulu* ricevevano almeno 300 palle e relativa polvere da sparo dal corpo dei *cebeci* prima di ogni combattimento.

Janissary with powder flask and ammunition bag, represented in this engraving of Melchior Lorck, dated 1587. Note the matches around the right arm. Sources relate that each kapikulu infantryman received at least 300 balls and their powder by the cebeci corps before a battle.

IL CONFINE MILITARE IN UNGHERIA E CROAZIA
THE MILITARY BORDER OF HUNGARY AND CROATIA

L'origine del *Militärgrenze* risale al 1523, cioè quando re Luigi d'Ungheria investì il proprio cognato, l'arciduca Ferdinando d'Austria (poi re d'Ungheria e imperatore del Sacro Romano Impero come Ferdinando I), del compito di difendere la regione occidentale della Croazia e in particolare il litorale Adriatico. Quest'area fu amministrata assieme alle province della *Inner-Österreich*, mettendo a punto un modello per l'organizzazione militare del confine meridionale con l'Impero Ottomano. Inizialmente la strategia difensiva degli Asburgo era proseguita secondo lo schema predisposto dai re ungheresi. La caduta di Buda, avvenuta il 29 agosto 1541 e la conseguente creazione di un *paşalik* turco, portarono la corte imperiale a un radicale cambiamento dei piani di difesa. L'obiettivo era contenere la pressione ottomana fuori dai territori che costituivano gli *Erbländer*, le provincie ereditarie. Ma dopo il 1566 il confine si era pericolosamente spostato e adesso Vienna si trovava molto più vicina all'ottomana Esztergom di quanto non lo fosse la capitale della Carniola, Lubiana, rispetto a Jaice nella Bosnia sotto il dominio turco. Non c'era più tempo per procrastinare le decisioni e gli stati ungheresi assieme alla nobiltà esortarono Ferdinando a intervenire: "se Sua Maestà non sostiene questo Paese con le altre province, accadrà certamente che, dopo la perdita di tutta l'Ungheria, ogni altro dominio sarà irrimediabilmente perduto". Fortunatamente, in contrasto alla pianura a sud di Buda, dove nessun grande ostacolo naturale aveva

The origin of the *Militärgrenze* can be dated as early as 1523, when King Louis II of Hungary entrusted to his brother-in-law, Archduke Ferdinand of Austria (later King of Hungary and Holy Roman Emperor as Ferdinand I), the defence of western Croatia and particularly the Adriatic region. This area was assigned to the administration of a region called *Inner-Österreich* and become a model for the military organization in the southern borders facing the Ottoman Empire. Initially, however, the Habsburg's defensive strategy offered nothing new from that followed by previous Hungarian kings. The fall of Buda on August 29, 1541 and the following creation of a Turkish *paşalik* finally forced a radical change in the defence plans of the Habsburg Imperial Court. The aim was to contain the Ottomans on Hungarian and Croatian territory, before they could reach the borders of the Austrian *Hereditary Provinces*. But after 1566, the boarder had moved dramatically and Vienna now lay closer to Ottoman Esztergom than the capital of Krain, Laibach (today Ljubljana in Slovenia), to Jajce which was in Bosnia under Turkish rule. In Hungary it was felt there was no time for procrastination and the Hungarian estates and aristocrats protested to King Ferdinand: "If Your Holy Majesty does not support this country with

◄ La forte posizione di Komáron, ubicata su un'isola del Danubio, proteggeva la principale via di accesso per Vienna. Al pari di altre fortezze asburgiche, anche questa città fortificata era stata rinforzata nel corso del XVI secolo con mura e bastioni moderni. Gli aggiornamenti trasformarono lo scenario strategico, collocando al primo posto la guerra d'assedio e rimpiazzando l'epoca delle spettacolari campagne di movimento avvenute prima del 1526. Anche il modo di combattere mutò considerevolmente rispetto alle prime decadi del secolo.

The strong position of Komáron, sited on a Danube river island, protected the main road to Vienna. The fortified town had been reinforced, like many Habsburg fortress in 16th century, with new modern walls and bastions. These updates transformed the strategic scenario, as siege warfare became the norm, replacing the previous era of spectacular mobile campaigns before 1526. The actual fighting itself was now less fluid in character than it had been during the first decades of the century.

rallentato l'avanzata ottomana, nella regione oltre il Danubio e ancora più a nord si trovava un'ampia fascia di territorio coperto da paludi, acquitrini e attraversato da fiumi con pochi guadi, e dallo stesso lago Balaton, che poteva essere usato come elemento chiave della difesa, rinforzando i castelli esistenti con nuove e moderne fortezze. La strategia difensiva fu sviluppata congiuntamente dai comandanti imperiali e da personaggi di spicco del regno d'Ungheria, riuniti in molteplici conferenze a Vienna e a Poszony, sede della dieta ungherese. L'essenza della strategia difensiva messa a punto si basava nell'individuazione di zone separate di difesa che, per caratteristiche del territorio e affinità etniche e politiche, potessero formare una rete difensiva omogenea lungo tutto il confine ungherese e croato. L'elemento cardine di questa strategia era una linea di fortezze di frontiera che si estendeva dall'Adriatico alla Transilvania. Questa catena di 100-120 grandi e piccole fortezze si divideva in sei *Grenzgeneralat* (generalati di confine). Ciascun generalato si trovava sotto il comando di un capitano generale di frontiera (*Grenzgeneral* o *Grenzoberst*) con sede nella maggiore fortezza o città fortificata della regione. Ogni zona era suddivisa in settori che dipendevano da altre fortezze, secondo il principi di uniformità. Iniziando da ovest e procedendo a oriente fino alla frontiera con la Transilvania, si trovavano sei Confini Militari:

- *Kroatische und Meergrenze* (confine croato e dell'Adriatico): il primo confine militare, era stato istituito con il proprio centro di commando a Bihać ma, dopo il 1579, fu trasferito a Karlstadt (od. Karlovac in Croazia). Questo confine si divideva in due parti e con le fortezze di Zengg e Ottočaz (od. Otočac in Croatia) formava il confine sudoccidentale o confine marittimo; il settore orientale includeva la fortezza di Ogulin. In seguito questo generalato divenne noto come *Banal Grenze*, in quanto dipendeva dal controllo del *Banus Croatiae et Sclavoniae*, governatore militare di entrambe le regioni;
- *Slawonische und Windische Grenze* (confine della Slavonia e dei Vendi), con *Varasd* (od. Varaždin in Croazia) come centro di comando dopo il 1578. Questo territorio era conosciuto anche come

other provinces it will certainly happen that, due to the loss of this country, the other provinces of Your Holy Majesty will be lost." Luckily, in contrast to the plains south of Buda, where the Ottomans could take up quarters unhindered, in *Transdanubia* and north of the Danube there were natural features as rivers, marshes, ranges, and Lake Balaton itself, where the key elements in a new defensive system, reinforced existing castles with new fortresses situated supporting these. The defensive strategy was developed jointly by military experts at the Habsburg Imperial Court and by leading personalities among the Hungarian estates. Several military conferences were held both in Vienna and at the new centre for Hungarian government Pressburg-Pozsony. The essence of the emerging defence strategy was taking into account the most important geographic and political characteristics of the country in order to establish separate defence zones around the fortresses located in different parts of the Hungarian and Croatian borders. The main defensive element was a line of frontier fortresses extending from the Adriatic Sea to Transylvania. This chain of 100–120 large and little fortresses was organizationally divided into six *Grenzgeneralat* (Border *Generalcies*). Each *Generalat* was under the command of a border captain general (*Grenzgeneral* or *Grenzoberst*) headquartered in the main fortresses or fortified cities in the region. These zones would be under the direction of the larger fortresses, in accordance with uniform principles. Beginning from west and progressing to Transylvania in the east there were six Military Borders:

- The *Kroatische und Meergrenze* (Croatian and Adriatic Border): the first one to be established with its command centre initially at Bihać and, after 1579, at Karlstadt (today Karlovac in Croatia). This border was divided in two parts, with the fortress of Zengg and Ottočaz (today Otočac in Croatia) formed the south western or sea border; while the eastern side included the fortress of Ogulin. This *Generalat* was known as *Banal Grenze*, under the direct control of the *Banus Croatiae et Sclavoniae*, the military Governor of both provinces.
- The *Slawonische und Windische Grenze* (Slavonian

Bajcsavar Grenzgeneralat;

- *Kanischarische Grenze* (confine di Kanizsa), costituito per compensare la perdita di Szigetvár nel 1566 e successivamente rinominato *Gegenuber von Kanischa Liegende Grenze* (confine opposto al territorio di Kanizsa) dopo la perdita di Kanizsa nel 1600;

- *Raaber Grenze* (confine della Raab), che proteggeva direttamente Vienna, con Győr come capoluogo;

- *Bergstadtische Grenze* (Confine delle città minerarie), situato lngo il fiume *Garam*, con Léva e, dopo il 1589, Érsekújvár (od. Nové Zámky in Slovacchia) quale sede del comando;

- *Oberungarische Grenze* (confine dell'Alta Ungheria o di Kassa), con Kassa (od. Košice in Slovacchia) come quartier generale.

Oltre ai sei Confini Militari, un ruolo di grande importanza nel sistema difensivo spettava a Komáron (od. Komárno in Slovacchia), una possente città fortificata sul Danubio. Posta al crocevia delle più importanti vie di

and Wendish Border), with *Varasd* (today Varaždin in Croatia), as its centre after 1578. It was known also as *Wendish-Bajcsavar Grenzgeneralat*.

- The *Kanischarische Grenze* (Kanizsa Border), compensating for the loss of Szigetvár in 1566, renamed as *Gegenuber von Kanischa Liegende Grenze* (Border across from Kanizsa) after the loss of Kanizsa in 1600.

- The *Raaber Grenze* (Raab Border), directly protecting Vienna, with Győr as headquarters.

- The *Bergstadtische Grenze* (Border defending the Mining Towns) along the *Garam* river, with Léva and, after 1589, Érsekújvár (today Nové Zámky in Slovakia) as its command city.

- The *Oberungarische Grenze* (Upper Hungary or Kassa Border), with Kassa (today Košice in Slovakia) as its command centre.

In addition to the six Military Borders, an important position in the defence system was taken by Komárom (today Komárno in Slovakia), a strong fortified town along the Danube. Straddling the major military highway, it was of critical importance for the defence of Vienna. It was also the command centre for the Danube flotilla and its captain general served directly under Vienna. Szatmár, a newly modernized border fortress in the northeast, was a crucial node for the so-called *Transtisza* region, and played a special role in the defence system of Hungary by impeding attacks out of Transylvania. From the early 1560s onwards Upper Hungary had a dual function. Firstly, it served as a protective bastion not only against the Ottomans but also against the Porte's vassal state, the Transylvanian Princedom. However, other medieval

▲ Vista anteriore e posteriore di una targa alla ungara, contraddistinta dalla forma appuntita dell'angolo superiore, tipico degli scudi da cavalleria leggera dell'Ungheria e della Croazia. Nel corso del XVI secolo lo stesso stile fu adottato in tutta l'Europa Orientale tanto dai cristiani come dagli ottomani. Scudi come questo erano usati frequentemente in torneo da cavalieri travestiti da turchi, così lo scudo, malgrado il crescente dipinto, potrebbe non essere di provenienza ottomana. In ogni caso, stile e colori erano gli stessi utilizzati dagli ottomani.(Targone da cavalleria, probabilmente ungherese, ultimo quarto del XVI secolo, in legno, pelle e gesso con inserti in metallo; collezione privata)

Front and back of a painted angular-pointed Hungarian shield. The distinctive upward sweeping back edge was characteristic of the Hungarian and Croatian light cavalry shields. During the 16th century, the style was adopted across much of Eastern Europe by both Christian and Ottoman border horsemen. The shields were commonly used in tournaments by Western knights dressed in oriental fashion, so the crescent painted on the shield may or may not indicate actual Ottoman use. However, the same style and colours were also employed by the Ottomans.

▲ A sinistra uno scudo con rinforzi in metallo e a destra vista anteriore e posteriore di uno scudo completamente metallico; entrambi risalenti ai primi anni del XVII secolo. Armamenti come questi erano usati dalla fanteria ottomana, in particolare dagli *zthrly nefer*, i soldati in armatura, per difendersi dal tiro dei moschetti durante gli assalti alle postazioni fortificate avversarie.

Left - An iron reinforced shield, and Right a complete iron shield showing both sides; early 17th century. Similar weapons were used by Ottoman infantrymen, such as the zthrly nefer armoured soldiers to defend themselves from musket fire, when attacking enemy strong points during a siege.

Comunicazione. La città rivestiva un ruolo cruciale per la difesa di Vienna e inoltre era la sede della flotta del Danubio, il cui capitano era subordinato direttamente alla capitale. Dopo Komáron, Szatmár, una fortezza sul confine nordorientale recentemente modernizzata, proteggeva l'accesso alla regione della *Transtisza* e giocava un ruolo importante nel sistema difensivo ungherese, sbarrando la strada a un'invasione proveniente dalla Transilvania. Dagli anni '60 del XVI secolo in poi le fortezze dell'Alta Ungheria assolsero alla duplice funzione di bastione protettivo sia contro gli attacchi della Porta che del suo stato vassallo, il principato di Transilvania. In ogni caso, le altre fortezze medioevali come Belgrado, Szábacs (od. Šabac in Serbia), o Jajce, non potevano essere comparate alle nuove fortezze costruite nella seconda metà del XVI secolo nel nuovo stile all'italiana. Tuttavia, a parte Vienna, le cui mura erano state parzialmente ricostruite, solo le fortezze come Komáron, Győr, Érsekújvár – appena edificata – e Karlstadt potevano essere paragonate alle moderne fortificazioni realizzate nei Paesi Bassi, in Italia o a Malta, come attestato da alcuni commentatori dell'epoca. Dalla metà del secolo, il confine ungherese e croato iniziò a essere punteggiato dalla raffinata 'maniera' architettonica italiana. Nonostante nel XVI secolo esistessero delle differenze nell'architettura militare, nelle specializzazioni e nello stile, alcuni

fortresses such as Belgrade, Szabács (today Šabac in Serbia) or Jajce, cannot be compared to the new fortresses built in the second half of the sixteenth century in the Italian style. There was Vienna, which had been partly newly built; as well as Komárom, Győr, the newly-built Érsekújvár and Karlstadt, which can be compared favourably with the most modern fortresses of the Netherlands, Italy, or Malta, as attested by a contemporary critic. Starting from 1550, the Hungarian and Croatian border received a refined touch of Italian *maniera*. Even in the 16th century there were differences in fortress architecture and specialization, in the various designs used. Some, such as Ottavio and Giulio Baldigara, Pietro Ferrabosco, and Domenico de Lalio distinguished themselves in the design and overall direction of fortress construction while others, like Giulio Turco, were specialized in the creation of detailed architectural plans. Most of them were active in the actual construction phases and some were the result of experiments, made during sieges. The policy of active defence also required transforming the fortified towns of the border into modern fortresses. Examples included the transformation of Győr into a *Festungsstadt* (town fortress), as well as the reinforcement of Kanizsa, in the southwest, and the building of modern fortifications at Szatmár in the east. In the Croatian and Adriatic, and in the Military Border in order to defend the mining

A – **La Sublime Porta**

1 –Mehmed III
2 – Ic-oglan
3 – Sancakbeg
4 – Çavus

TAVOLA A

Alcune fonti del XVI secolo riferiscono che l'uso di grandi bandiere bianche di tipo iscrizionale, contenenti versetti del Corano, coincideva con la presenza del sultano alla guida dell'armata. In questo disegno, tratto dal Codex Vindobonensis, l'uso delle insegne bianche nella campagna d'Ungheria del 1596 sarebbe confermato dall'originale estensore del commento in tedesco.

Some 16th century sources illustrate the use of large white banners bearing verses from holy script, and used at the head of the army, when the Sultan was leading it. In this drawing, belonging to the Codex Vindobonensis, these large banners can be seen used in the Hungarian campaign of 1596.

Fanen die der Tyrckisch kaiser dem Wegler Weg geben hatt da er in Vngernn Gezogen ist

architetti, come Ottavio e Giulio Boldigara, Pietro Ferrobosco e Domenico de Lalio, si distinsero più di tutti nella progettazione di fortezze e nella direzione dei lavori di costruzione mentre altri, come Giulio Turco, si dimostrarono specialisti nella creazione di dettagliati piani architettonici. Molti di loro erano attivi anche nelle fasi di costruzione e spesso realizzavano i loro progetti in corso d'opera, disegnati durante un assedio e introdotti come prototipi sperimentali. La politica di difesa richiese anche la trasformazione delle città fortificate in moderne di frontiera. Alcuni esempi furono la trasformazione di Győr in *Festungssatadt* (fortezza città), così come l'ammodernamento di Kanisza, nel settore sudoccidentale del confine ungherese, e la costruzione di fortificazioni moderne a Szatmár più a oriente. Sul Confine Militare croato e dell'Adriatico e su quello che difendeva le cosiddette città minerarie, due nuove fortezze furono progettate nello stile della *trace italienne* sotto la supervisione di architetti italiani. Nel 1589 fu eretta a Karlstadt, in Croazia, una fortezza con base a esagono regolare, vicino alla confluenza fra i fiumi Kupa e Korana, che servì a rimpiazzare l'avamposto di Bihać, ormai considerato indifendibile. Nella parte meridionale della frontiera, sul corso mediano della Drava e quello della Sava, e fra l'interno della Croazia e l'Adriatico, le montagne formavano una barriera difensiva naturale; per questo Karlstadt era la sola fortezza costruita lungo questa linea. Un'altra importante roccaforte croata era la fortezza di Sisak, ma a causa delle ristrettezze di bilancio era stato possibile apportare pochi modesti miglioramenti. Alla fine degli anni '80 del XVI secolo, fu costruito un nuovo bastione

towns, two completely new fortress designed in the style of *trace italienne*, were built under the supervision of Italian architects. In 1579, a regular hexagonal fortress was built at Karlstadt in Croatia, at the confluence of the rivers *Kupa* and *Korana*, replacing the outpost of Bihać, which was considered a completely defenceless place. In the southern section of the border, between the middle *Drava* and the middle *Sava*, and through Croatia to the Adriatic, the mountains formed natural defences; so Karlstadt was the only large fortress constructed along this line. Another strategically important stronghold in Croatia was Sisak, but the poor economic balance permitted only minor updates. By the end of the 1580s, at Érsekújvár new bastions were completed on the right bank of the river *Nyitra*, based upon the design of Ottavio and Giulio Baldigara. Financing, as well as manpower and strategic considerations played a very important role in the establishment of the new fortresses. Since income from Hungary was not sufficient to finance these works, the estates of the Austrian Hereditary Provinces and

B – Sipahy

1 – *Sipahy ulufely*
2 – *Garip*
3 – *Timar* anatolico
4 – *Sipahy* provinciale

TAVOLA B

37

a Érsekújvár sulla riva destra del fiume Nyitra, su progetto di Ottavio e Giulio Boldigara. I finanziamenti, al pari della forza lavoro disponibile e delle considerazioni strategiche, rivestirono sempre un ruolo importante nella progettazione di nuove fortezze. Poiché gli introiti dell'Ungheria asburgica non erano sufficienti a finanziare questi lavori, gli Stati delle province ereditarie dell'Austria e della corona di Boemia, in special modo la Moravia e la Slesia confinanti con l'Ungheria, e persino gli Stati immediati dell'Impero contribuirono su base annuale ai bisogni economici per la difesa dei confini.

Per decenni gli Asburgo avevano potuto disporre di pochi capitani in possesso dell'esperienza per condurre una campagna sul teatro di guerra ottomano o in grado di gestire favorevolmente negoziati con l'avversario, né tantomeno la familiarità sulle condizioni geografiche e strategiche dell'Ungheria e della Croazia. Per la maggior parte degli alti comandi austriaci, il regno d'Ungheria era *terra incognita* e questo rappresentava un serio ostacolo per l'organizzazione di un sistema difensivo efficace. Questa situazione migliorò solo dopo il 1566

of the lands of the Bohemian Crown, especially Moravia and Silesia, bordering Hungary, and even of the Holy Roman Empire, acknowledged the need to contribute financial aid to Hungarian border defence on an annual basis.

The Habsburg Imperial Court possessed only a few field officers and commanders experienced in warfare against the Ottomans or negotiating diplomacy with them, and had as well familiarity with the geography and strategic conditions in Hungary or Croatia. For the Viennese military leadership, the Hungarian Kingdom was nearly *terra incognita*, and this posed a serious obstacle to organizing the new border defence system. Only after 1566, was this situation gradually improved. In the course of just one generation a cadre of nobles from Low Austria had formed and had obtained enough experience in the Hungarian theatre of war to articulate a new defence strategy and exercise centralized direction of border defences. Suggestions from Hungarian and Croatian officers knowledgeable of the frontline situation and experienced in Ottoman warfare, made up for Lower Austrian nobles' lack of familiarity with the Hungarian conditions. The implementation of this knowledge soon yielded serious results. Its success was facilitated by the Swiss Baron Lazarus von Schwendi, one of the best commanders and military theoreticians of Europe at this time, serving in the Hungarian theatre of war between 1565 and 1568. He set out to perfect the defence with several reform proposals in 1566, 1568 and 1569. Especially

◄ Confinario della Rumelia, di Jacopo Ligozzi (1600 circa). Lo stato di guerra non dichiarata sul confine croato e ungherese creò un nuovo tipo di guerra, chiamata *Kleinkrieg* (piccola guerra). Gli Asburgo e la Porta reclutarono milizie confinarie da associare alle guarnigioni di frontiera e potenziare le loro forze. Con funzioni simili ai *Grenzer* imperiali, gli ottomani formarono corpi speciali di cavalleria, come gli *akincy* e soprattutto i *dely*, i quali costituirono in seguito il nuovo corpo del *serhadkulu*.

Rumelian frontiersman, by Jacopo Ligozzi (circa 1600). The undeclared status of war on the Hungarian and Croatian frontier created a new kind of fighting, called Kleinkrieg (little war). Habsburg and the Porte recruited border militias to join the frontier garrisons and strengthened their forces. The Ottoman raised special cavalry troops, such as the Akincy, and expecially the Dely intruders, which formed the new serhadkulu corps.

quando, nel corso di una generazione, un buon numero di nobili della Bassa Austria si formò e ottenne sufficiente esperienza per pianificare una strategia difensiva ed esercitare una direzione centralizzate ed efficace del *Militärgrenze*. Altri utili suggerimenti arrivarono dagli ufficiali ungheresi e croati che avevano militato nelle operazioni di guerra contro gli ottomani, fornendo ai comandanti austriaci quelle informazioni utili a sopperire alla loro scarsa familiarità con quel teatro di guerra. La diffusione di queste competenze permise di ottenere eccellenti risultati, grazie anche al contributo del barone svizzero Lazarus von Schwendi, uno dei migliori comandanti e teorici militari dell'Europa di quegli anni, che aveva servito in Ungheria fra il 1565 e il 1568. Egli propose il perfezionamento delle difese mediante l'attuazione di alcune riforme nel 1566, 1568 e 1569. Di grande importanza si rivelò la riconquista di alcune importanti fortezze di confine nell'Alta Ungheria, come Tokaj e Szatmár, appartenenti alla Transilvania, e la riorganizzazione della rete di rifornimenti. Un altro elemento del sistema di difesa dei confini era il *Kreisgeneralat*. A capo di ciascuno di questi esistevano quattro *Kreisgeneral*, tutti operanti all'interno del *Militärgrenze*, incaricati di coadiuvare le questioni militari e le relazioni con gli stati provinciali. I maggiori fra questi uffici erano acquartierati nelle località del Banato di Croazia, della ragione transdanubiana e nell'area a est del Danubio dalla contea di Poszony a quella di Gomor, fino all'Alta Ungheria. In ciascun *Kreisgeneralat* si formavano i quadri ufficiali per la chiamata alle armi dell'antica leva nobiliare, nota come *Insurrectionis*, organizzata dalle contee e dalle città libere, da associare in contingenti per ciascun distretto.

Le guarnigioni delle principali fortezze furono

significant was Schwendi's reconquest of some crucially important border fortresses in Upper Hungary, such as Tokaj and Szatmár belonging to Transylvania, and his reorganization of their supply system. Another element of the frontier defence system was the *Kreisgeneralat*. There were four of these *Kreisgeneral*, all functioning within the Military Border, supplementing them by dealing with military questions relating to the estates. The main ones were headquartered in the Banate of Croatia-Slavonia, in Transdanubian and in Cisdanubian, extending from Pozsony to Gomor County, and in Upper Hungary. They were in charge of the increasingly outdated noble levies, or *Insurrectionis*, of the troops raised by counties and free royal cities, alongside the contingents of their districts. The principal fortresses were massively enlarged, and had garrisons of 1,000–1,500 men, and became the pillars of the defence system and the centres of *Militärgrenze*. These key fortresses were followed by the large fortresses with garrisons of 400 to 600 men, and then by smaller stone or palisade fortifications (Palánka) with 100 to 300 soldiers. There were also guard and patrol posts with only a dozen soldiers,

▶ Un altro disegno di Jacopo Ligozzi rappresentante un *sacca* o portatore d'acqua, che seguiva in campagna le truppe del *kapikulu*. Per gli ottomani l'acqua era necessaria non soltanto per bere, ma anche per le abluzioni prima delle preghiere giornaliere.

Another colourful painting by Jacopo Ligozzi, representing a sacca, or water carrier, who followed the kapikulu troops in campaign. For the Ottomans, water was necessary not only to drink but also for the ablutions before the daily prey.

C – Guerra d'Assedio
1 – Giannizzero in tenuta d'assedio
2 - *Ztrhli Nefer* - soldato corazzato
3 – Odabasi dei Giannizzeri in tenuta da campagna
4 – *Topçu* – artigliere – in tenuta da campagna

TAVOLA C

D – *Klein Krieg*

1 – *Dely commune*
2 – Comandante *dely* o *akincy*
3, 4 – cavalieri tatari

TAVOLA D

◄ Mehmed III (1566-1603), mentre dirige l'assedio di Eger nell'estate del 1596- Mehmed III fu il primo sultano dopo Solimano il Magnifico a guidare l'esercito in una campagna di guerra. Il suo regno si svolse tutto all'interno della Lunga Guerra Turca. Egli crebbe durante il sultanato di suo nonno, Selim III, e quello di suo padre, Murad III. Mehmed salì al trono dopo la morte del padre avvenuta nel gennaio del 1595, quando egli aveva solo 29 anni (altre fonti riferiscono che fosse più giovane di sei anni). Alcuni autori lo descrivono come un principe "...debole di mente ma capace di slanci occasionali di energia, o piuttosto di violenza". La sua ascesa al potere è rimasta sinistramente famosa, in quanto venne applicata la legge che prevedeva l'eliminazione di tutti i fratelli e fratellastri per assicurare il suo potere. Storicamente Mehmed III è conosciuto anche per essere stato il sovrano che diede inizio al 'sultanato delle donne', lasciando il governo nelle mani della *valide*, la regina madre Safiye Sultan, cioè la veneziana Sofia Baffo. In effetti, prima di prendere il comando dell'armata, si dedicava esclusivamente ai piaceri della tavola e della caccia.

Mehmed III (1566-1603) while leading the siege of Eger in the summer of 1596. Mehmed III was the first sultan after Süleyman to direct the army in campaign. His years of rule coincide with the Turkish Long War. He grew up during the reigns of his grandfather, Sultan Selim II, and later his father, Murad III. Mehmed III came to power on the death of his father in January 1595, when he was 29 years old (though older sources claim he was only 23). Some authors describe his character "...as a weak-minded prince, but capable of occasional outbursts of energy, or rather of violence". His accession is infamous, as nineteen of his brothers and half-brothers were executed to secure his power. Mehmed III is known historically as an idle ruler, leaving government to his mother the *valide* Safiye Sultan, the Venetian Sofia Baffo. Indeed, before taking command of the army, he was best known as dedicated to the table and hunting pleasures.

ingrandite e ospitarono fino a 1.000-1.500 uomini ciascuna, diventando il pilastro del sistema difensivo del confine. Dopo queste grandi fortezze esistevano altri siti fortificati con guarnigioni di 400-600 uomini e infine i piccoli avamposti provvisti di cinta murata o di una palizzata lignea (palánka) con 100-300 soldati. Furono istituiti anche posti di guardia presidiati da una dozzina di soldati, che tuttavia ricoprivano un'importante funzione per la sorveglianza dei movimenti avversari e per la trasmissione dei messaggi. Questi corpi di guardia erano acquartierati nei forti e nei castelli che punteggiavano tutto il confine. A sud della Drava le pattuglie servivano a stabilizzare le aree difensive più isolate. La prima modernizzazione in tal senso del confine prese forma nel 1577, dopo che le esperienze delle precedenti due decadi erano state sperimentate, apportando modifiche e accorgimenti per il potenziamento del sistema difensivo. Tutto ciò avvenne nel corso di una grande conferenza militare, la *Hauptgrenzberatschlagung*, svoltasi a Vienna nella metà di agosto del 1577 e durata 45 giorni. Quell'evento fu di capitale importanza per la storia militare di Casa d'Austria agli inizi dell'era moderna, poiché si discussero le basi della politica difensiva e la composizione del Confine

but they had important functions, too, such as the surveillance of enemy detachments and the provisioning of mounted messengers. The latter contingents were assigned to various fortresses or private castles and thus participated in the defence of the outlying areas. South of the river *Drava* they helped in establishing a separate minor defence zone. The first such modernization took place in 1577. The experience of the previous two decades was reviewed and it was decided to remedy some shortcomings and discuss whether modification of the defence strategy was needed for the future. This was done at a major military conference - the *Hauptgrenzberatschlagung* - that was convened in Vienna in mid-August, in 1577. It lasting for 45 days. This meeting was of major

E – Specialisti e fucilieri

1 – *Cebeci* comune
2, 3 – *Tüfenkci* comuni
4 – *Bayrakdar,* portainsegna

TAVOLA E

F – Il *Militärgrenze* Asburgico

1 – Confinario *hayduk* ungherese
2 – Confinario *Varaszdiner*
3 – Capo Uscocco

TAVOLA F

G – Cavalleria Transilvana

1 – 2 *Huszár*
3 – Comandante di Cavalleria
4 – Cavalleggero Székely

TAVOLA G

H – Fanteria e Artiglieria Transilvana
1 – Fanteria Szekely
2 – Ufficiale dei *Kék Darabont*
3, 4 – Soldato Comune e Tamburo dei *Kék Darabont*
5 – Artigliere sassone

TAVOLA H

▲ 1-3: stendardi di cavalleria transilvana, 1601-1603; dimensioni approssimative cm. 75/85 x 90/100. 4: insegna dei *Kék Darabont*, (trabanti azzurri) del principe di Transilvania 1630 ca; dimensioni approssimative cm 180 x 220. 5-9: insegne di fanteria transilvana, 1601-1603; dimensioni approssimative 170/190 x 190/220. 10: insegna della milizia a piedi di Segesvár, Transilvania, fine XVI secolo; dimensioni approssimative cm. 170 x 250. 11: stendardo di un'unità di cavalleria confinaria, Ungheria asburgica, fine XVI secolo; dimensioni approssimative cm. 190 x 90

1-3: Transylvanian cavalry standards, 1601-1603; approximate size cm. 75/80 - 90/100. 4: ensign of the Prince of Transylvania's Kék Darabont (blue trabants), 1630 ca; approximate size cm. 180 - 220. 5-9: Transylvanian infantry ensigns, 1601-1603; approximate size cm 170/190 – 190-220. 10: ensign of Segesvár infantry militia, Transylvania; late 16th century; approximate size cm. 170-250. 11: Habsburg-Hungarian border cavalry standard; late 16th century; approximate size cm. 190-90.

◄ Una compagnia di fanti scozzesi giunse nel 1596 in Transilvania dopo aver servito in Polonia sotto il re Stefan Báthory. Gli scozzesi combatterono all'assedio di Temevár e successivamente furono riuniti alla guarnigione di Gyuláféhervár, residenza del principe. Come gli altri soldati scozzesi del tempo, questo moschettiere veste in uno stile composito, con pantaloni e berretto in tartan, assieme a un corpetto alla tedesca. La piuma al bonnet, in stile transilvano, è speculativa.

A Scottish infantry company was hired by Transylvania in 1596 after previously served in Poland under king Stefan Báthory. The Scots fought at the siege of Temesvár and successively joined the garrison of Gyuláféhervár, the prince's residence. Like the contemporary Scottish soldier, this musketeer wears in mixed style, with trousers and cap tailored with tartan fabric alongside a short German jacket. The plume fastened on the bonnet in Transylvanian style is speculative. Reconstruction after Anna Biegańska, Żołnierze szkoccy w dawnej Rzeczpospolitej, in Studia i Materiały do Historii Wojsk, 27 - 1884

Militare. La conferenza si era resa necessaria anche perché la Porta aveva tratto vantaggio dal periodo di pace dopo il 1568, raccogliendo molte informazioni sulle condizioni strategiche del *Militärgrenze* e sulla consistenza delle guarnigioni. Gli ottomani avevano individuato i punti penetrabili del sistema difensivo, valutandone la capacità militare con raid e incursioni eseguite dalla cavalleria *akinci*. La conferenza del 1577 portò anche a un cambio radicale del sistema centrale di controllo del Confine Militare, sebbene questo mutamento avvenisse più per ragioni politiche che militari. A seguito della riunione, l'imperatore trasferì il controllo dei confini della Croazia e della Slavonia agli stati dell'Austria Interna (Stiria, Carniola e Carinzia), allo scopo di scoraggiare ogni velleità di autonomia o indipendenza manifestatasi già nel 1564. Per questo motivo il comando delle fortezze del confine meridionale fu retto dal neo costituito *Innerösterreichischer Hofkriegsrath* (consiglio aulico di guerra dell'Austria Interna) con sede a Graz dal gennaio 1578. Come conseguenza, la direzione militare e l'amministrazione del sistema difensivo contro gli ottomani rimase diviso in due fino agli inizi del XVIII secolo. Dopo il 1578, le province dell'Austria Interna ebbero il loro comandante titolare dell'ufficio, col titolo di *Innerösterreichischer Oberstzeugmeister*. Un ufficiale inviato da Vienna era incaricato di coordinare i rifornimenti e gli arsenali degli altri quattro *Generalat* compresi fra la Drava e il confine transilvano. Vi fu un'importante implementazione del sistema di trasporto fluviale dei rifornimenti, che portò alla creazione di un naviglio autonomamente gestito. Nel 1577 c'era già un ufficiale che serviva sotto la diretta autorità di Vienna come responsabile dei ponti e delle navi onerarie del Danubio, lo *Oberstschiff und Brückenmeister*. Dal gennaio 1578 operò anche un ufficio indipendente incaricato del trasporto dei rifornimenti per l'Ungheria diretto da un ufficiale col titolo di *Oberstproviantmeister in Ungarn*, incaricato di mantenere nella massima efficienza quel servizio, specie quello destinato alle fortezze più importanti per la difesa di Vienna e Praga.

La riforma più importante introdotta dopo il 1577

significance for the military history of the early modern Habsburg Monarchy, since it discussed the basics of defence policy and the most important questions about the border defence. It was also a necessary conference because the Ottomans had taken advantage of the peaceful interlude since 1568, and had become well-informed about the size and condition of the Hungarian and Croatian-Slavonian border fortresses, as well as their garrisons. The Ottomans had surveyed the penetrable points of the defence system, and exploited opportunities for limited armed incursion and raids whenever they could. The military conference of 1577 also brought about radical changes in the central control of the border defence system, although this was for political rather than purely military reasons. Following the conference, the Emperor transferred the control of the Croatian and Slavonian Military Border to the Inner Austrian (Styrian, Carniolan and Carinthian) estates, which had disposed of an increasing move towards independence since 1564. Therefore the command of the southern border fortress was taken over by the newly established the *Innerösterreichischer Hofkriegsrath* (Inner Austrian War Council) of Graz in January 1578. As a consequence the command and administration of the defence system against the Ottomans were divided in two until the beginning of the eighteenth century. After 1578, the Inner Austrian provinces also had their own officer with the title of *Innerösterreichischer Oberstzeugmeister*. A Viennese officer was responsible for the supplies and arsenal to the four other *Generalat* from the river *Drava* to the Transylvanian border. There was also an increasingly independent organization for provisioning of food supplies for the garrisons through riverboats. In 1557, there was already an officer who served under the direct command of Vienna and who was responsible for bridges and cargos over the Danube, the *Oberstschiff und Brückenmeister*. After January 1578, there was an independent officer, the Chief Provisions Supply Officer for Hungary, the *Oberstproviantmeister in Ungarn*. This title was later changed to Chief Military Provisions Commissioner for Hungary, *Oberstproviantkommissar in Ungarn*, and he was charged with arranging the provisioning of the

PLATE 1

Figura 1. In alcune miniature ottomane sono rappresentati i cavalieri *akincy*, un corpo di confinari già esistente prima che iniziasse la Lunga Guerra. L'abbigliamento di questi cavalieri si contraddistingueva per l'ampio uso di pellicce che imitavano quelle degli animali feroci. A volte queste pellicce erano complete di testa e zampe e in certi casi sono raffigurate anche addosso ai giannizzeri, ricevute come ricompensa per un'azione valorosa. Sempre nella stessa fonte si vede un *akincy* indossare un copricapo di pelliccia d'orso con un elaborato apparato di penne bianche e nere, inserite in una spilla simile al cucchiaio del copricapo dei giannizzeri.

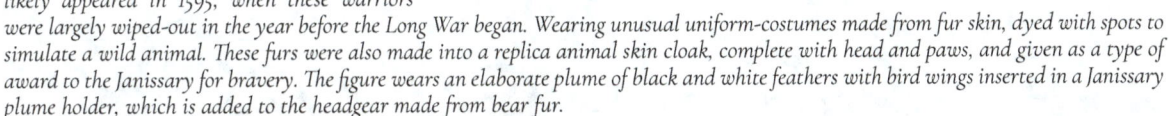

C.Flaherty 12 March 2014

Figure 1. Warriors from the akincy corps, as they likely appeared in 1595, when these warriors were largely wiped-out in the year before the Long War began. Wearing unusual uniform-costumes made from fur skin, dyed with spots to simulate a wild animal. These furs were also made into a replica animal skin cloak, complete with head and paws, and given as a type of award to the Janissary for bravery. The figure wears an elaborate plume of black and white feathers with bird wings inserted in a Janissary plume holder, which is added to the headgear made from bear fur.

Figura 2. Un *akincy* con una lancia da cavalleria di tipo rinascimentale con una grande e massiccia punta, che appare molto più lunga rispetto alla normale lancia ottomana. Una spiegazione a ciò può essere cercata in un'altra miniatura, nella quale si vede un *akincy* mentre sottrae l'armamento a un cavaliere cristiano morto.

Figure 2. A mounted warrior carrying a renaissance period heavy cavalry battle lance, twice as long as the Ottoman cavalry spear, and has a massive war head/spear point. To explain this, another image shows a battle between a mounted akinci corps warrior and a European knight, in which the akincy removes the weapons to the defeated knight.

Figura 3. Il corpo *akincy* comprendeva anche soldati a piedi armati di arco che indossavano pellicce simili a quelle degli altri membri. Questo suggerisce la presenza di unità montate e altre appiedate all'interno di quel corpo. Alcuni *akincy* indossano un copricapo alternativo, consistente in un turbante formato da spirali di tessuto avvolte attorno a un alto cappello appuntito.

Figure 3. The akinci corps warriors accompanying foot soldier also wearing a similar the uniform-costume made from fur skin, dyed with spots, and he is bow armed. The akincy Corps incorporated mounted and well as foot soldier's companies. He is wearing tall pointed had, surmounted with a large turban made of a stuffed cotton and silk sausage coiled around the waist, as well as the head, used to protect against bladed weapons.

Source: The *Süleymanname*, an illustrated history of the life and achievements of Sultan Süleiman I the Magnificient (1520 till 1566).

PLATE 2

Figura 4. I *solak* erano gli arcieri della guardia del corpo del sultano e appartenevano alla 28a *orta* dei giannizzeri. In battaglia l'originale funzione dei *solak* era di fornire copertura al sovrano mentre si accingeva a sparare. Fra i *solak* c'erano 12 arcieri di rango più elevato – che per questo indossavano abiti in seta riccamente decorati – con il compito di tenere a turno le redini del cavallo del sultano, mentre le rimanenti 400 guardie del corpo formavano un cerchio attorno a lui.

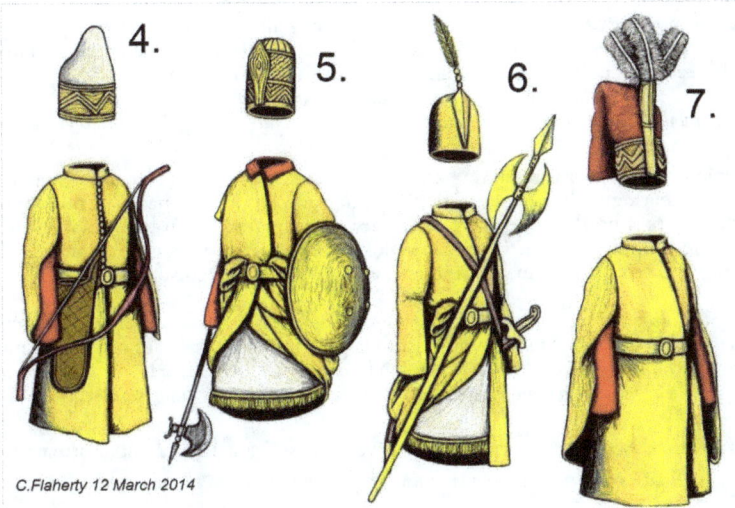

C.Flaherty 12 March 2014

Figure 4. The solak, Sultan's bodyguard archers. The 28th orta is specifically identified as these archers. On the battlefield, their function was to fan-out before the Sultan ready to fire on any approaching enemy. The bodyguard archers are said to number 12 highest ranked, who wore fine silk garments and who held the halter of the Sultan's horse. The remaining 400 archer-soldiers established a protective circle around the Sultan.

Figure 5-6. In età più tarda, i *solak-peyk* sono identificati come guardie per il cerimoniale, tuttavia si trattava pur sempre di soldati, come anche i *peyk*, che ricoprivano la funzione di messaggeri del sultano e per questo portavano come simbolo una piccola ascia. In molte immagini e descrizioni, i *solak*-arcieri e i *peyk* finiscono per confondersi e con ciò anche l'autentico aspetto di queste guardie personali del sultano è difficile da identificare. In genere questi soldati sono rappresentati mentre indossano abiti in seta multicolore ed elmetti ricchi di decorazioni. In questo caso rappresentano il gruppo di elite armato con l'ascia, che a turno sostiene le staffe del sultano e le redini del suo cavallo. Le altre guardie ordinarie indossano abiti di tessuto 'giallo imperiale' senza decorazioni, ma non meno importanti dal punto di vista simbolico. In origine i *peyk* erano scelti fra i soggetti più forti e atletici, capaci di coprire a piedi molte miglia senza riposarsi. Come arma supplementare portavano un pugnale *hanjar* sotto la fascia attorno alla vita, l'ascia nella mano destra e un fazzoletto contenente zollette di zucchero energetiche nella sinistra. Fra i compiti dei *peyk* c'era anche quello di tenere informato il sultano sul ritorno dei pellegrini dalla Mecca.

Figures 5-6. In later Ottoman periods the solak-peik are identified as a purely ceremonial guard. These soldiers are often identified as the peik only, who acted as the Sultan's messengers, carrying a small axe as their symbol of office. These were the Sultan's postal runners. They were fast and athletic traveling great distances without rest. It took them, for example, two days to get from Edirne to Istanbul on foot. They carried a hanjar - dagger in their girdles, and a handkerchief full of sugar (for energy) in their left. One of their tasks was to inform the Sultan when the pilgrims had returned from Mecca. Historically, many images of the Solak-archers, and the axe armed peik became conflicted. The Solaks are shown wearing richly patterned and variously coloured silk garments, as well highly decorated helmets. These figures actually represent the elite guard holding onto his horses' bridle and stirrups. The ordinary Household foot troops wore plainer but no less significant 'imperial yellow' garments, to signify their high status.

Figura 7. Ufficiale dei *Solak-Peik*.   **Figure 7.** *Solak-Peik officer.*

C.Flaherty 12 March 2014

PLATE 3

Figura 8. Giannizzero ordinario a piedi armato di arco. La pesante spada curva usata da tutti i giannizzeri, il *qilid*, era appesa a due cinghie sostenute da una cintura alla vita, oppure da una tracolla e generalmente si portava dietro l'anca sinistra.
Figure 8. Ordinary Janissary foot soldier, armed with bow. The heavy curved bladed scimitars swords, used by all Janissary, the qilid sword, hanging on two straps from the belt, or on a longer shoulder carry strap, which generally hung behind the hip.

Figura 9. Giannizzero ordinario a piedi armato di moschetto. La borsa portamunizioni dei giannizzeri era portata appesa a una cintura oppure a una bandoliera. La borse poteva contenere fino a 300 palle di moschetto, distribuite a ciascun soldato prima della battaglia. Ogni fante riceveva una fiasca per la polvere da sparo appesa anche questa alla cintura.
Figure 9. Ordinary Janissary foot soldier, armed with musket. The 'bag-style' of ammunition pouches, used by the Janissary Corps musketeer, which is either looped on a belt, or has its own shoulder carry strap. This bag carried 300 balls, issued to each soldier before battles. He has a powder horn, hung from the belt.

Figura 10. Nei testi di storia moderna la descrizione dei carri ottomani da battaglia è spesso assente. Tuttavia, come appare in una miniatura di corte ottomana, raffigurante la battaglia di Keresztes, dietro i cannoni schierati in linea, s'intravedono i giannizzeri e un gruppo di questi sembra posizionato a bordo di un carro tipicamente ottomano. Su un fianco sono stati montati dei grandi scudi circolari come protezione supplementare; il veicolo è posizionato dietro ai cannoni, come se si trattasse dello stesso impiegato per le munizioni. Il carro forniva una piattaforma elevata per far fuoco sopra le teste degli altri giannizzeri e degli artiglieri sul terreno.
Figure 10. In modern history accounts, the design of the ottoman battle wagons is now missing. However, it appears from the Ottoman court paintings of the Battle of Keresztes, this shows Janissary infantry standing other top of a large Ottoman four wheeled cart with waist high timber bulwark (which acted as a barrier to people climbing-up), with what appears to be additional large circular shield, mounted high on the side of the wagon, for added protection. This wagon is set behind the guns, as it was used as the guns' limber and carried the gun's ammunition.

Figura 11. Uno *ztrhli nefer* (giannizzero a piedi corazzato), indossa le stesse armature protettive e le stesse armi della cavalleria ottomana.
Figure 11. Ztrhli nefer (Armoured Janissary Infantry). He wears identical armour and uses the same weapons as the rest of the Ottoman cavalry.

fu il nuovo metodo di reclutamento dei soldati destinati al *Militärgrenze*. A partire dal 1550 gli Asburgo accolsero volentieri nuove comunità nelle regioni confinanti con l'Impero Ottomano, da ripopolare con nuovi sudditi ostili alla Porta. Inizialmente questi insediamenti furono modesti, ma aprirono la strada alla creazione di un nuovo tipo di soldato. In un primo tempo queste popolazioni furono classificate indistintamente come *Walaken*, ma già agli inizi del XVII secolo divennero noti come *Grenzer*. La popolazione della frontiera ottenne da subito un'ampia autonomia, essendo dispensata da qualsiasi relazione di subordinazione con l'aristocrazia o il clero locali, ma considerati soggetti solo all'imperatore. Questo status fu confermato dagli Asburgo a ciascuna comunità stabilitasi all'interno del *Militärgrenze* e garantita con la proprietà di campi e pascoli in cambio del servizio militare come confinari. Gli ufficiali di ciascuna unità venivano proposti dalle comunità e tutti i membri registrati in un ruolo di servizio a partire dall'età di 17 anni. Solo il grado di *Grenzgeneral* rimase a nomina imperiale, ma poteva essere affidato solo a una persona *Nativi Hungariae*, cioè un aristocratico ungherese, poiché lo stipendio era pagato con le tasse di guerra votate dalla dieta del regno d'Ungheria. Lo stesso caso si ripeteva per il *Ban* di Croazia e Slavonia. Uno straniero poteva ricoprire quel grado solo se riceveva un diploma ungherese d'*indigenatus*. I confinari dovevano riunirsi per l'addestramento ogni settimana, diretti dai rispettivi ufficiali; le armi ed eventualmente i cavalli restavano di loro proprietà e solo le munizioni erano fornite dagli arsenali imperiali. Le unità, organizzate in compagnie, erano affidate a un *Capitaneus* o *Kápitan*, con un *Hadnagy* in Ungheria e un *Waida* in Croazia e Slavonia come subordinato. I *Grenzer* servivano all'interno del loro distretto senza ricevere alcun compenso, ma se erano mobilitati per più di 14 giorni oltre confine, percepivano un salario che tuttavia rimaneva più basso di quello versato a in soldato professionista. Nella seconda metà del XVI secolo prestava servizio un numero tre volte superiore di soldati rispetto al passato. Questa forza, ascendente approssimativamente a 18-20.000, uomini può essere confrontata con

border fortresses most important for the defence of Vienna and Prague.

The most important reform introduced was represented by the new recruitment method to assemble the units destined to the *Militärgrenze*. After 1550, the Habsburg welcomed new communities in the region bordering Ottoman Empire, which could be resettled with new populations hostile to the Porte. This early settlements was modest, but opened the creation of a new kind of soldier. Initially, the new people were classified indistinctly as *Walaken*, but in the early seventeenth century became known as *Grenzer*. Soon the population of the Military Border enjoyed a wide autonomy, having no relationship or subordination towards the aristocracy or the local clergy and remained subject only to the Emperor. This status was confirmed by the Habsburg to each community living in the *Militärgrenze* and granted the property of field and pasture to who ever accepted the military service as armed frontiersman. The officers of each unit had been proposed by the communities and all the members registered in a role of service, starting from the aged 17. Only the charge of *Grenzgeneral* remained decided by the Emperor. But this office could be held only by a person who was *Nativi Hungarie*, namely a Hungarian aristocrat, since the charge was paid by the war tax voted by the Hungarian estates at the *Diet*. This was also true for the *Ban's* position in Croatia-Slavonia. A foreigner could only be named to it, if he first received a Hungarian diploma of *indigenatus*. The *Grenzer* were trained weekly by the respective officer; weapons and eventually horse was their property and only ammunitions were provided by the Imperial arsenals. The units, organized in company, were led by a *Capitaneus* or *Kápitan* with a *Hadnagy* in Hungary and a *Waida* in Croatia and Slavonia as junior officer. The Grenzer served within their district without receiving any money, but if mobilized for more than 14 days across the border received a salary that was still lower than that earned by professional Imperial soldiers.

In the second half of the 16th century, almost three times as many soldiers served in the new border defence system against the Ottomans. This force of approximately 18–20,000 men is significant if

quella esistente nell'Ungheria meridionale prima del 1526, ascendente a 7-8.000 soldati in tutto. Circa 7.000 confinari erano forniti dai generalati del *Banale* del *Slawonische und Windische Grenze*, mentre 11-13.000 appartenevano agli altri quattro confini militari. I *Grenzer* croati erano essenzialmente fanti leggeri, conosciuti come *Harami*, ma almeno un terzo era formato da ussari. In Ungheria la percentuale di cavalleria era più elevata e in alcuni distretti si trovava un confinario a cavallo per ogni fante o *hayduck*. Il *Militärgrenze* costituì una forza di proporzioni rilevanti in rapporto alla popolazione dell'Ungheria e della Croazia, che alla fine del XVI secolo ascendeva ad appena 1.800.000 abitanti.

compared to the military deployment in southern Hungary prior to 1526, totalling only 7–8,000. About 7,000 soldiers were provided by the *Banal* and *Wendish-Bajcsavar Grenzgeneralat*, while 11-13,000 belonged to the other four *Generalat*. The Croatian *Grenzer* were mainly light infantrymen, known as *Harami*, but at least one third was formed by hussars. In Hungary the percentage of cavalry was higher and in some district there was a horseman for every foot soldier or *Hayduk*. The Hungarian-Croatian *Militärgrenze* was an impressive force size even in comparison with the total population of the Kingdom of Hungary at the end of the sixteenth century, as it numbered only 1,800,000 inhabitants.

◄ L'invenzione e la diffusione del fuoco di fila negli eserciti della prima età moderna è argomento ancora in discussione. Alcuni autori ritengono che l'esercito delle Provincie Unite dei Paesi Bassi sia stato il primo a introdurre e perfezionare questa tecnica in Europa. Tuttavia alcune fonti ottomane, come questa minitura dell'Arifi Çelebi Süleymânnâme, risalente aegli ultimi anni del XVI secolo, proverebbe che i giannizzeri probabilmente già usavano il fuoco per file prima del 1605. Notare il forte schieramento difensivo sostenuto dai cannoni incatenati.

The invention and diffusion of musketry volley fire among early modern armies is still debated. Some scholars believe the Dutch army in 1605, the first in Europe to use and perfect this technique. Nevertheless Ottoman sources, as shown in this miniature from the Arifi Çelebi Süleymânnáme painted in the last years of 16th century, prove that the Janissaries were already using volley fire possibly before 1605. Note the strong defensive deployment supported by the chained guns.

IL PRINCIPATO DI TRANSILVANIA
THE PRINCEDOM OF TRANSYLVANIA

Alla fine del XVI secolo, l'esercito del principato di Transilvania conservava molte caratteristiche dell'antica struttura militare del regno d'Ungheria. Il principe, eletto dalla dieta, era il comandante supremo di tutte le milizie e a lui spettava la nomina di un capitano generale, sebbene tutti i grandi aristocratici – i magnati – fossero considerati comandanti. Dopo la costituzione della Transilvania come stato vassallo della Porta, i principi avevano provato a modernizzare l'esercito assumendo consiglieri militari stranieri. Malgrado ciò, impossibilitato a competere con le realtà occidentali economicamente più sviluppate e condizionato dall'atteggiamento conservatore delle classi dominanti locali, l'esercito fu in grado di accogliere poche delle migliorie proposte da questi remuneratissimi consiglieri, lasciando la tradizionale struttura feudale praticamente inalterata. Alcune importanti modifiche in materia di disciplina e tattica furono comunque introdotte. Nel 1564 il veneziano Giovanni Andrea Gromo, in precedenza al servizio del re d'Inghilterra Enrico VIII, addestrò la cavalleria alle nuove tattiche introdotte nell'Europa occidentale. L'anno seguente, un altro consigliere

The character of the Transylvanian Princedom's army, at the end of 16th century, followed many of the traditional ancient Hungarian military structures. The prince, an elective charge, was the supreme commander of the army. He appointed a general-captain, even though the other great aristocrats – the *magnates* – were also considered as generals. After the constitution as a Ottoman vassal state, the Transylvanian princes tried to modernize their armies, hiring foreign military advisors. However, unable to compete with the economically more developed Western Europe, and the Eastern European ruler class remaining culturally more conservative, few of these expensive foreign military advisors could be recruited, so the traditional feudal military organization was largely unchanged. Nevertheless, some improvements in military discipline and tactics, had been introduced. In 1564 the Venetian captain Giovanni Andrea Gromo, who previously served in England under Henry VIII, trained cavalry in new tactics, that were being introduced in Western Europe. A year later, another Italian military advisor, Morgante Manfrone, left his employ in the Republic of Ragusa, and entered

► Truppe imperiali portano a Vienna armi e stendardi ottomani catturati dopo la battaglia avvenuta di fronte a Esztergom nell'agosto del 1595. Malgrado l'assenza di qualsiasi indicazione riguardo i colori, i simboli del crescente e della stella sono chiaramente riconoscibili assieme allo *czintamani* e al disco astrale.

Imperial troops carry to Vienna Ottoman weapons and standards captured after the battle fought in front of Esztergom, on August, 1595. Despite the absence of any indication regarding the colours, the crescent and star insignias are clearly visible, along with the czintamani and astral disk.

militare italiano di nome Morgante Manfrone, abbandonò il servizio nella repubblica di Ragusa per comandare e addestrare le truppe della guardia del principe di Transilvania. Un terzo consigliere straniero entrò al servizio del principe nel 1574, il francese Pierre Lescalopier, un veterano delle guerre di religione, che addestrò e organizzò reparti di archibugieri a cavallo e altre moderne specialità. Anche se le modernizzazioni e le nuove tattiche influenzarono l'armamento e l'equipaggiamento, gli eserciti transilvani rimasero, con poche eccezioni, largamente formati da fanteria e cavalleria leggera con scarsa attitudine al combattimento in ordine serrato, equipaggiate con una grande varietà di armi, inclusi moschetto, archibugio e arco. In campo aperto la fanteria si schierava preferibilmente dietro i carri come gli ottomani.

Fin dalla fondazione del principato come stato vassallo, i *comitates* (contee) rappresentavano i principali centri amministrativi, come in Ungheria. Sebbene con gli anni avessero mutato il loro ruolo da centri per la riscossione delle imposte in strumenti di autogoverno per la nobiltà che viveva nel territorio, le contee conservarono ininterrottamente la loro funzione militare. Nel 1548 furono istituiti sette *comitates*, da cui il nome tedesco del principato: *Siebenbürgen* (sette castelli); questi erano Belső-Szolnok, Dobora, Koloszvár, Torda, Küküllő, Fehére Hunyad. Altre cinque contee, identificate come *Partium*, furono annesse nel 1570 dall'Ungheria orientale: Máramaros, Közep-Szolnok, Kraszna, Bihar e Zaránd, dopo il riconoscimento asburgico di Szápolyai János Zsigmond come principe di Transilvania, in cambio della sovranità sul regno d'Ungheria. L'originale struttura militare ungherese-transilvana consisteva in tre ripartizioni: la truppe nobiliari; la *Militia Portalis*; la leva generale, detta *Insurrectionis*. Ogni primogenito aristocratico era tenuto a prestare servizio armato come cavaliere, in accordo alla locale applicazione del *Primipilus*, e a reclutare soldati in proporzione al valore delle sue proprietà. Poiché ogni 16, più tardi 20, masserie o *portae* il principe richiedeva fossero reclutati ed equipaggiati un soldato a cavallo e uno a piedi, il nome di queste truppe era *Militia Portalis*. Se infine il principe proclamava la

in Transylvanian service for training the prince's household troops. A third Western European military counsellor serviced Transylvania since 1574, Pierre Lescalopier, a French veteran from the Wars of Religion, who trained and organized cavalry as mounted *harquebusiers* and other new specialties. Though modernization and new tactics influenced weaponry and equipment, the Transylvanian armies remained, with few exceptions, formed largely by light infantry and light cavalry with poor attitude to fight in close order, equipped with a large varieties of weapons included musket, *harquebus* and bow. Infantry in open field adopted usually the wagon tactic as the Ottomans.

Since the founding of the Transylvanian Princedom, the *comitates* (counties) were the main units of administration, as they were in Hungary. Although they changed over the years from administrative royal centres of taxes collection in self-governing instrument for the nobility living on the territories, the counties conserved their military function in 16th and 17th centuries. In 1548, seven *comitates* were instituted, as symbolized in the princedom German name *Siebenbürgen* (the 'seven castles').

These were Belső-Szolnok, Dobora, Koloszvár, Torda, Küküllő, Fehér and Hunyad. Another five counties, identified as *Partium*, were add in 1570 from East Hungary: Máramaros, Közep-Szolnok, Kraszna, Bihar and Zaránd, after the Habsburg recognition of Szápolyai János Zsigmond as Prince of Transylvania, as exchange for the Hungary Kingdom. The Hungarian-Transylvania military structure originally consisted of three parts: nobles troops, *Militia Portalis*, and general levies called *insurrectionis* (insurrection, from Latin). Every aristocrat was liable for military service, the so-called *Primipilus*, and further he had to recruit soldiers depending the value of his property.

Because every 16, later 20 farms or *masserias - portae* - one cavalryman and infantryman had to be equipped; these troops were identified as *Militia Portalis*. If the prince announced the general call to arms or 'insurrection', the *masserias* would add an additional horseman, and one foot soldier to join the army in campaign. Even

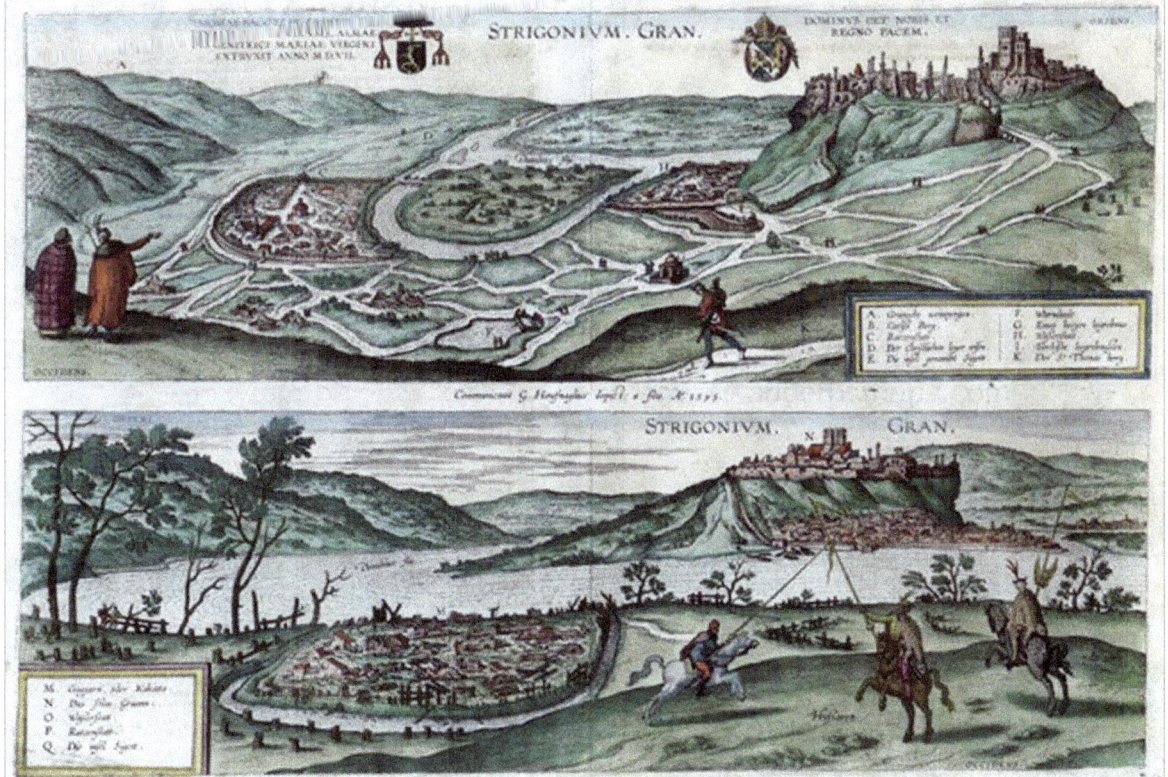

▲ Esztergom era una delle maggiori piazzeforti dell'Ungheria sotto il dominio ottomano. La città era divisa in due settori, quella bassa, sviluppatasi attorno al Vizivàros, un'isola sul Danubio, e quella in alto protetta dalle imponenti mura medioevali. Prima dell'arrivo dell'armata imperiale nel luglio del 1595, Pàlffy e Nàdasdy chiesero a Kara Aly la resa della città, ma il valoroso *beg* rispose che piuttosto che arrendersi si sarebbe fatto saltare in aria con i suoi uomini. Tuttavia, una volta perduto il controllo della città bassa, e pertanto privati del rifornimento idrico, i difensori furono costretti a capitolare. Kara Ali era già caduto in combattimento giorni prima. (Doppia veduta di Gran-Esztergom, in una stampa austriaca del 1595)

Esztergom was one of the major strongholds in Hungary under Ottoman rule. The city was divided into two sectors, the lower, developed around the Vizivaros, an island on the Danube, and the high city protected by the impressive medieval walls. Before the arrival of the Imperial Army in July 1595, Palffy and Nádasdy offered to Kara Aly to freely evacuate the city, but the valorous Bey replied that he would 'rather be blown up with his men (than surrender)'. However, once the control of the lower city was lost, and the upper city was deprived of water, the defenders were forced to capitulate. Kara Ali had already fallen in combat days before.

chiamata generale alle armi - ovvero l'insurrezione - le masserie dovevano reclutare un altro cavaliere e un altro fante da inviare all'armata. Anche senza ricorrere all'adunata generale, il totale delle truppe messe insieme dalle contee costituiva una forza mobile numericamente significativa. Verso la fine del XVI secolo vivevano in Transilvania circa 2.000 famiglie nobili e queste costituivano assieme alla *Militia Portalis* una forza di 8.000 uomini. La qualità in battaglia di queste truppe, perlopiù prive di esperienza, male armate e con poca disciplina, era però molto bassa e nel corso della Lunga Guerra il loro utilizzo declinò drasticamente.

without the general 'insurrection', the numerical size of the troops assembled by the counties, still constituted a significant mobile force.

In the last quarter of 16th century, there were likely 2,000 noble families in Transylvania, and together the *Militia Portalis* constituted at least four time this number on campaign. However, the battle-quality of these inexperienced and often poorly armed soldiers was low, and by the period of the Long War their used had declined drastically.

Another limiting factor on the military effectiveness of the Transylvanian noble families, was that the actual number of great landowners, capable of raising military contingents was very

Un altro fattore limitante dell'efficienza militare della milizia nobiliare risiedeva nel numero limitato di grandi proprietari in grado di organizzare contingenti militari. Solo le grandi e ricche famiglie come i Bocskay, Bethlen e Gyulai erano in grado di organizzare corpi di truppe permanenti inquadrando i loro soggetti in compagnie, identificate col nome *bandeira*. Teoricamente non esistevano limiti alla formazione di contingenti privati, ma nella seconda metà del XVI secolo poche unità avevano una forza superiore a 300 soldati. Nel 1560, il principe Szápolyai disponeva di uno squadrone di 100 cavalieri quali guardie del corpo personali, impiegati con il resto dell'esercito in tempo di guerra. I grandi proprietari terrieri, assieme al principe stesso, acquartieravano queste truppe nei loro castelli o nei villaggi, le cui comunità venivano esentate da una parte delle imposte in cambio del mantenimento delle guarnigioni, ma limitando al contempo le capacità militari della popolazione. La *bandeira* rivestiva soprattutto compiti difensivi in città o villaggi e solo temporaneamente inviava distaccamenti all'armata del principe. Alcuni cambiamenti avvennero negli ultimi anni del XVI secolo, quando Bocskai István, il potente magnate del *Partium* e governatore delle cittadine *Haiduck* dell'Ungheria, organizzò una forza privata di migliaia di soldati per la ribellione contro l'imperatore. Tutte queste forze rappresentavano eserciti in embrione di semi-indipendenti signori della guerra, in grado di influenzare la politica del principato. Assieme agli ungheresi in Transilvania viveva l'etnia maggioritaria dei székely. Questa popolazione ungarofona, nota anche come sequi

◄ Szatmár era la seconda fortezza per importanza dell'Ungheria asburgica posta a protezione della strada per Vienna. Le sue difese erano state modernizzate nella seconda metà del XVI secolo secondo i principi della *trace italienne* allora in voga. A parte il gruppo d'ingegneri italiani che operarono sul luogo, gli Asburgo si rivolsero anche a specialisti che lavoravano lontani dal teatro di guerra. La famiglia di architetti e ingegneri milanesi Angelini – con i fratelli Natale e Nicolç e il figlio di Natale, Paolo – si limitarono alla preparazione delle mappe di frontiera in previsione dei lavori di miglioramento delle fortificazioni, avvenuti dopo il 1560. Questi progetti sono attesti da sette mappe conservate a Vienna e da altre cinque a Karlsruhe, che riproducono nei minimi dettagli tutto il confine ungherese.

Szatmár was another important fortress in Habsburg Hungary to protect the route to Vienna. Its defences were modernized in the second half of 16th century introducing the new 'trace italienne'. Apart the group of Italian engineers operating on site, Habsburgs turned also to specialists working far from the war theatre. The members of an Italian fortress–building family, the Angelini of Milan – the brothers Natale and Nicolò and the son of Natale, Paolo – limited their activities to the preparation of maps of the frontier areas since the Hofkriegsrath implemented a complete survey of the Kingdom of Hungary during the 1560s. This effort is attested by the seven surviving copies in Vienna and other five in Karlsruhe of a detailed map of the borderlands.

little. Only the great and rich families, such as the Bocskay, Bethlen and Gyulai organized permanent troops recruiting their subjects and joining them in companies known as *bandeira*. Theoretically, there were no limits to form private contingents, but in the second half of 16th century were very few standing units larger than 300 men. In 1560, Prince Szápolyai had a household squadron of 100 horsemen, employed as personal escort, whom were contributed to the army in time of war. The great landowners, alongside the prince himself, quartered these troops in their castles or villages and these billets were conceded an exemption from military service, for performing this duty, which also limited the military capacity of the population. The *Bandeira* attended mainly for the defence of towns and village and posted only temporarily smaller units in the prince's army. Some changes happened in the last years of 16th century, when Bocskai István, the great magnate of *Partium* and governor of the Hungarians *Hayduk* cities, organized a private force of thousands of soldier after his rebellion against the Emperor. These forces represented embryonic armies of

AGRIA
vulgo
ERLA

AGRIA,
Munitissimum Hungariæ
Superioris propugnaculum
a Turca longuinus
vindex sub Mahomete
tertio expugnatum an
dni 1596.
A. Arx Superior.
B. Inferior.
C. Rostus oppidi accolumen.
D. Suburbium fabulosum.

Commentarius Philiphimanui
Georgius Holdenbergio
impetum die 25. 1577.

◄ Eger, qui rappresentata in una stampa del XVI secolo. La fortezza difendeva l'accesso all'Alta Ungheria e proteggeva le vie di comunicazione fra l'Austria e la Transilvania. Durante l'assedio del settembre 1596, la guarnigione includeva confinari ungheresi e mercenari occidentali. Come teatro principale delle operazioni, l'Ungheria dipendeva per l'assistenza finanziaria e militare dalle province ereditarie asburgiche e dall'Impero. In ogni caso la sicurezza dell'Ungheria non poteva essere garantita senza la partecipazione permanente e attiva degli stati ungheresi e dell'aristocrazia impegnati nella difesa dei confini.

Eger represented here in a 16th century print. This was a major obstacle in the way to Upper Hungary, and guarded communications between Austria and Transylvania. During the siege of September 1596, the garrison included Hungarian Grenzer and Western mercenaries. As the main theatre of operations, Hungary depended on military and financial assistance from the Austrian Hereditary Provinces and the Holy Roman Empire. But it was also the case that the security of Hungary could not be guaranteed without active and permanent participation by the Hungarian estates and aristocrats in their own border defence.

o siculi, era stanziata nella regione orientale e formava alla fine del XVI secolo una comunità dotata di uno status di autonomia politica e autogoverno. I székely erano anche la componente politica principale in sette provincie o *sedes*: Udvarhely, Maros, Aranyos, Csík, Sepsi, Kézi e Orbai. Le ultime tre provincie, con un'estensione limitata, furono riunite in una all'inizio del XVII secolo, assumendo il nome *Haromszék* (tre *sedes*). Nonostante l'aristocrazia si fosse convertita al Calvinismo, la maggioranza della popolazione era rimasta fedele alla chiesa Cattolica Romana. Come riconoscimento dei loro privilegi, ciascun székely aveva il diritto di portare le armi e verso la metà del XVI secolo il numero di uomini adoperabili per la guerra raggiungeva un totale di 10-15.000 uomini, di cui quasi la metà erano cavalieri. L'organizzazione militare di base dei székely fu riformata nel 1562, quando il principe decretò che solo la grande aristocrazia e la popolazione in possesso di risorse, cioè quelli in grado di sostenere gli oneri di una campagna, fossero le uniche a rivestire una funzione nell'esercito, provvedendo al reclutamento di soldati in proporzione alla loro ricchezza. Ciascuna famiglia nobile o di ricchi borghesi era tenuta a fornire un cavaliere e assieme a questi doveva essere reclutato uno più fanti *darabont* (trabanti) da inviare assieme all'esercito in campagna. Dopo la riforma il numero dei coscritti superava appena 6.000 uomini, mentre il resto della popolazione rimaneva esclusa dall'esercito e ciò fu causa di proteste fra i fieri székely, poiché il servizio militare rivestiva per loro un significato politico

semi-independent warlords capable to influence the Princedom's politics.

Alongside the Hungarians, in Transylvania lived other ethnic majorities, such as the Székely. These Hungarian speaking folk (the Sequi or Siculi and also Szekler in German) was settled in the eastern border and formed in the 16th century a majority with political status of autonomy and self-government. They were also the leading political group in seven provinces or *sedes*: Udvarhely, Maros, Aranyos, Csík, Sepsi, Kézi and Orbai. The last three provinces, with minor extension, were joined together in early 17th century assuming the name *Haromszék* (three *sedes*). Although the aristocracy converted to Calvinism, the common people remained mainly Roman Catholic. In return for their privileges, each Székely was nominally a soldier as well. And since the mid-16th century, the number of Székely active for military duty numbered between 10-15,000 men, with nearly half of this number formed by cavalry. The base of the Székely military organization was remodelled in 1562. The more resourced people and the great aristocracy of the counties, who could cover the costs of military service, were the only to have a function in the Székely army, providing soldiers according to the size of their properties. Nobles and rich bourgeois had to serve

e culturale molto importante. Nel 1601 l'intera popolazione maschile riguadagnò gli antichi diritti e fu finalmente incorporata nel corpo dei *darabont*. In seguito a ciò, i székely organizzavano nella prima metà del XVII secolo una milizia di circa 20.000 uomini.

I *Saxen*, ovvero i sassoni, una popolazione di lingua germanica stanziata in Ungheria e in Transilvania fin dal XII secolo, costituiva la terza 'nazione' del principato. Altri immigrati della Renania, Mosella e Sassonia avevano aumentato il numero delle comunità tedesche nel XVI secolo. I sassoni occupavano la regione centromeridionale del principato, attorno alle città germanofone di Hermannstadt, Kronstadt e Bistritz (oggi rispettivamente Sibiu, Braşov e Bistriţa in Romania), i tre dei principali centri di commercio della Transilvania. I principi concessero ai sassoni il medesimo status di autogoverno e autonomia dei székely. Ciascun centro sassone organizzava una propria milizia per il servizio di guarnigione e per affiancare l'esercito del principe in campagna. I sassoni, tradizionalmente, fornivano anche il personale per l'artiglieria.

Altre unità della milizia si trovavano nelle città in possesso d'autonomia fiscale. I maggiori centri erano Koloszvár, Várad e Marosvásárely (oggi Clui-Napoca, Oradea Mare e Tirgu Mures in Romania), ciascuna presidiata da una guarnigione di 200 soldati. I centri più piccoli e i villaggi disponevano di compagnie di 50 uomini o ancora meno. Un altro tipo di unità militare semi-permanente erano le compagnie dei *praesidiarius* o confinari, formati nel 1550 per sorvegliare il confine meridionale e per fornire una difesa preliminare prima della mobilitazione dell'esercito. Nel 1594, il principe Báthory Zsigmond stabilì una nuova organizzazione per queste truppe, riconoscendo speciali benefici fiscali in cambio del servizio armato sui confini. Approssimativamente 4.000 cavalieri e fanti si trovavano ripartiti lungo la frontiera. Nel settore sudovest le maggiori fortezze erano Lippa e Boros-Jenő, poste di guardia al passaggio fra i fiumi Maros e Fekete-Kőrös. Altre fortezze meridionali dotate di mura in pietra erano Huszt, Kővar, Szamosúivár e Várad, e quest'ultima era una delle più importanti e ben protette, completa di

as horseman for military service, and with him, a *darabont* (Trabant) moved on foot in campaign. After the reform, however, the number of conscripts barely surpassed 6,000 Székely. The rest of inhabitants remained excluded by this enlistment and it caused some protest. This was because, military service for each Székely, was politically significant. In 1601 the whole male population regained their rights and were finally incorporated into the *darabont*. After this reform, the Székely organized, in the first half of 17th century, a militia of some 20,000 men.

The *Saxen*, a German speaking people in Hungary and Transylvania from the 12th century, constituted the third 'nation' living in the Princedom. Other immigrants also arrived in 16th century from the Rhine, Mosel and Saxony. They settled in the centre-south, around the Saxon cities of Hermannstadt, Kronstadt and Bistritz (today respectively Sibiu, Braşov and Bistriţa in Romania), and these were the three main trade centres of the Princedom. The princes conceded to *Saxen* communities the status of self-government and autonomy as for the Székely. Each Saxon town and village organized a militia for garrison duty and employed it also in campaign with the main army. Saxons traditionally formed the personnel for the artillery too.

Other militia units were formed by towns, which had been granted fiscal autonomy. The major ones were Koloszvár, Várad and Marosvásárely (today respectively known as Clui-Napoca, Oradea Mare and Tirgu Mures in Romania), each with a permanent garrison of 200 men. Some of the small towns and villages had a company of barely 50 men or less. Another kind of semi-permanent military units was represented by the *praesidiarius* or frontiersmen, who formed in 1550 to survey the southern border and to provide a first defence before the mobilization of the army. In 1594, the Prince Báthory Zsigmond ordered a new organization for these troops, exchanging this service with fiscal benefits. Approximately 4,000 horses and foots were deployed along the border. In the south west border, the major fortresses were Lippa and Boros-Jenő, guarding the passage across the *Maros* and *Fekete-Kőrös* rivers. Other stonewall fortress on the south border were Huszt,

cortina e bastioni moderni. Soltanto agli inizi del XVII secolo il principato di Transilvania iniziò a disporre di truppe professionali permanenti. Il principe Báthory aveva reclutato un corpo di 600 lancieri a cavallo come propria guardia personale; mentre altre truppe professioniste furono i 500 fanti *darabont*, destinati alla sorveglianza della sua residenza di Gyulafehérvár (od. Alba Julia in Romania). Il principato noleggiò anche mercenari in Polonia nel 1593, nel 1600 e infine nel 1603, e fra questi un corpo di cosacchi dall'Ucraina. Nel 1596 fu noleggiata una compagnia di 148 moschettieri scozzesi, inviati dal re di Polonia, zio del principe transilvano Zsigmond e comandati da un non meglio identificato *kápitan* Stuart; probabilmente si trattava di un membro del clan del colonnello Robert Stewart, che aveva combattuto in Polonia con il reggimento di sua proprietà al tempo dell'assedio di Danzica del 1578. Il principe Báthory non smise mai di modernizzare il suo esercito ricorrendo alla consulenza di comandanti mercenari stranieri e personale tecnico come ingegneri e artiglieri, specialmente tedeschi e italiani. Il principato disponeva di un'efficiente fonderia di cannoni a Gyulafehérvár, dove si producevano molteplici calibri seguendo i più aggiornati metodi di fusione. Un'altra fonderia fu aperta a Fogaras nei primi anni del XVII secolo. Magazzini di polvere e appositi mulini si trovavano nelle città sassoni e negli altri maggiori centri, mentre ciascuna fortezza aveva il proprio arsenale e fabbri per la riparazione degli affusti e delle bocche da fuoco. Alcuni scrittori contemporanei consideravano l'artiglieria transilvana "*di ragguardevole potenza*" e stimata in un totale di 300 pezzi da campagna o d'assedio.

Kővar, Szamosúivár and Várad, and this later one was the most important and well protected, with modern walls and bastions.

Only in the beginning of 17th century, did the Transylvanian Princedom disposed of real standing troops. Prince Báthory had his own salaried troops as household cavalry, consisting of 600 lancers. Other professional troops were the 500 *darabont* infantrymen, employed as the prince's residence guard in Gyulafehérvár (today Alba Julia in Romania). Mercenaries also were hired in Poland in 1596, 1600 and 1603, and these included Cossacks from Ukraine. In 1596, the prince hired 148 Scottish musketeers in a single company led by an unidentified Stuart *kápitan*. These had been sent by his uncle, the King of Poland. It is assumed, that these were clansman of Colonel Robert Stewart, who fought in Poland with his regiment during the siege of Danzig, in 1578. Báthory Zsigmondr efforts to improve his military force were directed to recruit foreign military instructors and technical personnel, especially as engineers and artillerymen, coming from Germany and Italy. The Transylvanian Princedom had an efficient arsenal and foundry in Gyulafehérár, where several calibres of cannon were produced, following modern method and technology. Another foundry was activated in the beginning of the 17th century, at Fogaras (today Făgăras in Romania). Powder storage and mills were to be found in the Saxon cities and other major towns, while each fortress had an arsenal and smiths to repair carriage, guns and mortars. Contemporary writers considered the Transylvanian artillery a significant and efficient force, and estimated in a total of 300 pieces, included siege and field guns.

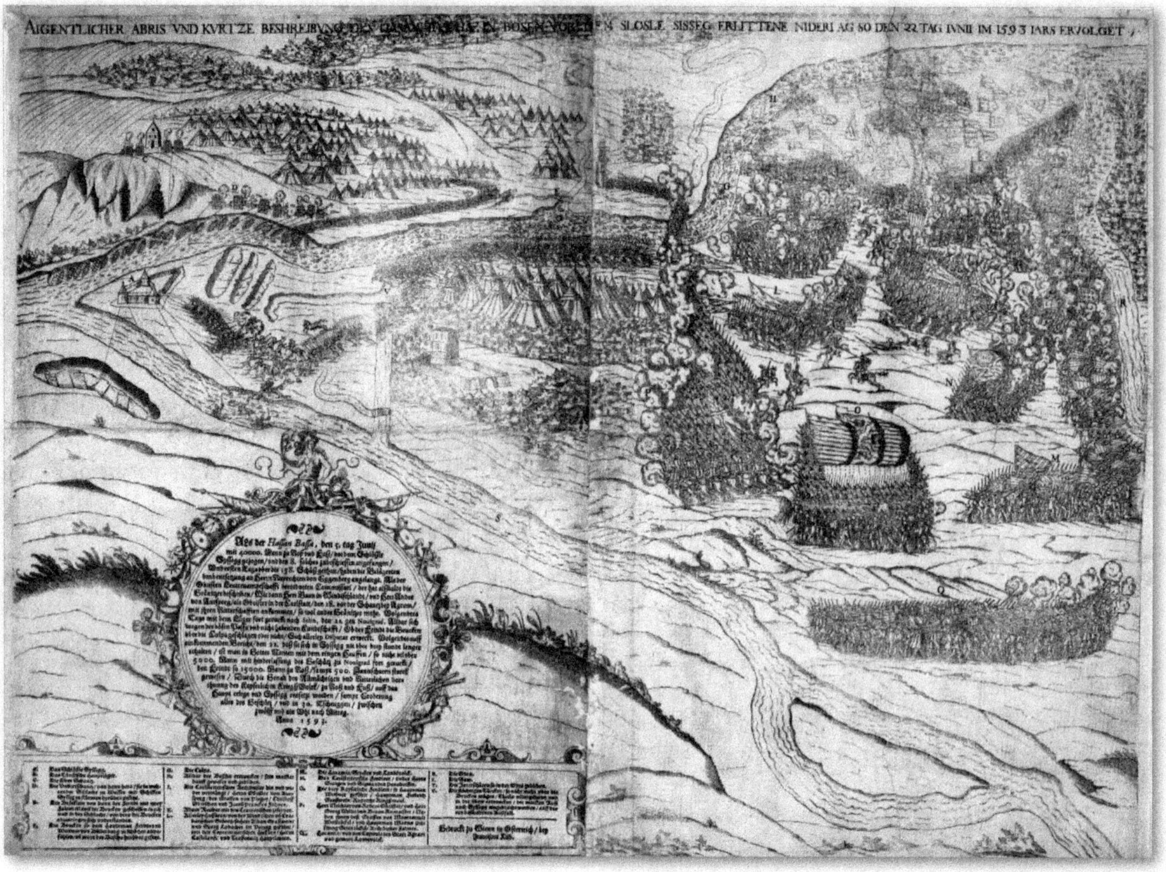

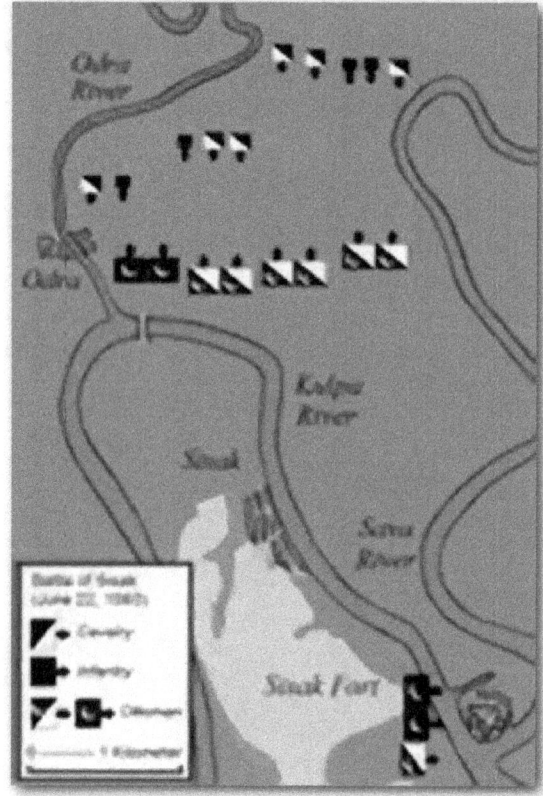

▲► La battaglia di Sisak, combattuta il 22 luglio 1593, fu l'episodio finale di una lunga serie di scorrerie e incursioni dirette dal *paşa* di Bosnia 'Tilli' Predojevic Hasan nella Croazia asburgica. La battaglia terminò con una tremenda disfatta per gli ottomani che persero più di 8.000 uomini, compreso il loro comandante e quattro ufficiali di alto rango.

The battle of Sisak, fought on July 22, 1593, was the final episode of a long series of major raids and incursions led by the Bosnian paşa 'Tilli' Predojevic Hasan in Habsburg Croatia. The battle finished with a terrible defeat for the Ottomans with 8,000 casualties, included the commander and four other high ranking officers.

▲ La fortezza di Sisak è cambiata poco dal XVI secolo. La foto è stata scattata dalla posizione dove sorgeva l'accampamento ottomano. La guarnigione che difendeva il castello operò efficacemente nel corso della battaglia, conducendo con successo un'improvvisa sortita per distruggere i ponti sulla Kupa e impedendo agli ottomani di mettersi al sicuro nel momento cruciale della battaglia. Sisak fu nuovamente assalita dagli ottomani nel settembre del 1593, ma quella volta la guarnigione abbandonò la fortezza senza opporre resistenza. (foto degli autori)

The fortress of Sisak has changed very little from 16th century. This photo is taken from the position where the Ottoman camp was located. The garrison defending the castle operated effectively during the battle, when conducted an improvise sortie to destroy the bridge on the Kupa river, arresting the Ottomans in the crucial moment of their retreat. Sisak was assaulted again by the Ottomans in September 1593, but the garrison abandoned the fortress without fighting.

▲ Pálffy Miklós (1552-1600); Nádasdy Ferenc (1555-1604) and Erdődy Támas (1558-1624) erano i tre maggiori comandanti ungheresi del *Militärgrenze*. Nella prima parte della guerra le loro azioni destarono molta impressione nel comando imperiale e anche in quello ottomano, che paragonava i tre ufficiali a 'fantasmi diabolici'.

Pálffy Miklós (1552-1600); Nádasdy Ferenc (1555-1604) and Erdődy Támas (1558-1624) were the three major Hungarian commanders of the Militärgrenze. In the first part of the war, their actions greatly impressed the Imperial command and Ottomans too, who compared these three officers to 'evil ghosts'.

▲Un cavaliere *e un ufficiale ottomano*, in un'incisione di Melchior Lorck del 1576.
A Turkish horseman and an infantry officer engraved by Melchior Lorck, dated 1576.

OPERAZIONI MILITARI
MILITARY OPERATIONS

PRELUDIO ALLA GUERRA

Gli eventi che portarono all'inizio della Lunga Guerra Turca furono il risultato di reciproci scontri fra truppe di confine. Il trattato di Adrianopoli, siglato nel 1568 fra il sultano e l'imperatore, permetteva a entrambi di condurre incursioni in territorio nemico, ma le azioni condotte con meno di 5.000 uomini non sarebbero state considerate come una dichiarazione di guerra. Questa situazione proseguì fino al 1591 registrando solo incidenti minori, che ebbero un impatto irrilevante sul mantenimento della pace. Tutto ciò ha portato molti storici a concludere che il trattato di Adrianopoli rappresentasse un armistizio armato anziché un'autentica pace. Venticinque anni di non belligeranza erano stati comunque mantenuti, soprattutto perché entrambi i contendenti, per ragioni politiche differenti, non volevano o non erano in grado di iniziare un conflitto. In altre parti d'Europa, tuttavia, alcuni incidenti peggiorarono le relazioni, specialmente nel Mediterraneo, dove i cavalieri di Malta, sostenuti dagli Asburgo di Spagna, e i corsari nordafricani soggetti della Porta si combattevano reciprocamente. Un'altra fonte di preoccupazioni era rappresentata dai pirati Uscocchi stanziati nel territorio asburgico di Zengg (od. Senj in Croazia), che conducevano una lotta senza quartiere contro il commercio ottomano nell'Adriatico. Nell'estate del 1591, dopo che una nuova azione di pirateria era stata condotta dagli Uscocchi contro il naviglio di Istanbul, il *paşa* di Bosnia - 'Tilli' Predojevic Hasan – guidò un raid in territorio croato con circa 5.000 *akinci* e altra cavalleria *serhadkulu* e, senza fare distinzioni fra pirati e civili, saccheggiò i villaggi di Križevci e Zuanich. In luglio gli ottomani comparvero di fronte a Sisak, l'avamposto imperiale che dominava il guado fra i fiumi Sava e Kupa, ma senza artiglieria non potettero cingere d'assedio la fortezza. Hasan Paşa lasciò Sisak in agosto, solo

THE EVENTS LEADING TO THE WAR

The events leading to the beginning of the Long Turkish War were the result of ongoing skirmishing by border troops, both Ottoman and those belonging to the Habsburg. For instance, the Adrianople treaty of peace signed in 1568 between the Ottoman Sultan and Habsburg Emperor, actually allowed each side incursions across the border, if the raids were conducted with a force of less than 5,000 men, they would be not considered as declaration of war. This situation lasted till 1591, with only minor incidents; and which had little impact on the reigning peace. This has led many historians to conclude that the opposing powers, in reality seem to have regarded the existing situation as an armistice, rather than a genuine peace. Throughout twenty-five years the official peace was formally maintained, because both sides in this conflict, for different political reasons, did not have the will or strength necessary for the beginning of a new war. In other parts of Europe several incidents began to worsted relations especially in Mediterranean, where the Maltese Knights, supported by Spanish Habsburg, and the Northern African Ottoman corsairs, were locked into reciprocal hostilities. Another source of troubles was represented by the *Uskok* privateers settled in the Habsburg territory of Zengg (today Senj in Croatia), which conducted a fierce hunt against the Ottoman commerce in Adriatic Sea. In the summer of 1591, after a new hostile action committed by the *Uskok*, the *paşa* of Bosnia - 'Tilli' Predojevic Hasan - led a raid into Croatia with about 5,000 *akinci* and *serhadkulu* cavalry, and without distinguishing between privateers and civilians, he plundered the villages of Križevci and Zuanich. In July, the Ottomans appeared in front of Sisak, the Imperial outpost dominating the ford across the *Sava* and *Kupa* rivers, but without artillery they could not siege the fortress. Hasan Paşa left Sisak in August, only after having robbed

dopo aver razziato tutto il bestiame trovato nella regione.

I confinari croati sotto il *ban* Erdődy Tamas risposero distruggendo un castello a Mislovina, cui fece seguito la conquista di alcune palanka nei pressi di Komárom da parte del *beg* di Sziget. Le reciproche violenze aumentarono d'intensità l'anno seguente, quando con 3.000 uomini Tilli Hasan lanciò in aprile un'altra incursione in Croazia per distruggere le palanka imperiali nella regione di Gora. La campagna culminò con la fortificazione di Petrinja, sul fiume Kupa e nell'occupazione di Bihać il 19 giugno. Prima di dirigersi in Slavonia, Hasan sconfisse il 19 luglio a Brest le truppe inviate dalla Stiria. Il 24 luglio gli ottomani si presentarono ancora di fronte a Sisak, ma la guarnigione era stata rinforzata e il comandante imperiale Mihaczy riuscì a respingere tutti gli assalti degli avversari; ricorrendo anche all'inganno, come quando finse di negoziare la resa, ma poi fece gettare dalle mura i parlamentari inviati da Hasan; oppure quando durante una sortita beffò la cavalleria ottomana fingendo una ritirata per attirarla sopra una trappola esplosiva. Più tardi Hasan si vendicò di queste azioni sorprendendo i nemici non lontano da Sisak, dove catturò il comandante dei *Grenzer* Nádasdy Ferenc, sette cannoni e un migliaio di soldati e civili. Il *paşa* spedì in catene a Istanbul 300 prigionieri che furono fatti sfilare *"come vile bestiame sotto i colpi di bastone"* davanti alla residenza dell'inviato austriaco presso la Porta. Le nuove minacce causarono molto sconcerto

all the cattle found in the area. The *Grenzer* under Croatian ban Erdődy Tamas responded destroying a castle in Mislovina, which followed the conquest of some palankas near Komárom achieved by the *beg* of Sziget. The reciprocal violence grew in the following year, when Tilli Hasan launched in April another incursion in Croatia with 3,000 troops to destroy all the Imperial palankas in the Gora region. The campaign culminated in the fortification of Petrinja, on the river *Kupa*, and in the occupation of Bihać on June 19. Upon his return in Slavonia, Hasan defeated on July 19 at Brest the troops send from Low Styria. On July 24, the Ottomans arrived again in front of Sisak, but the garrison had been reinforced, and the Imperial commander Mihaczy was able to repulse the Ottomans assaults even resorting to deception, when he pretended to negotiate surrender only to later throw from the walls the parliamentarians sent by Hasan, or when he caught the Ottoman cavalry feigning a retreat and then blowing

▲ Dipinto allegorico di Hans von Aachen (1552-1612), raffigurante i trofei delle battaglie di Hermannstadt (1601) e Kronstadt (1603), nelle quali sono riprodotte insegne transilvane e ottomane.

Allegoric painting by Hans von Aachen (1552-1612), representing the trophies after the battle of Hermannstadt (1601) and Kronstadt (1603). Illustrated are several Transylvanian and Ottoman war ensigns.

in Austria, tanto che l'imperatore Rodolfo II ordinò dei servizi religiosi straordinari in tutti i suoi domini e istituendo uno speciale rintocco, chiamato 'la campana turca'. A parte minori attacchi ai posti di confine imperiali, gli ottomani evitarono scontri di maggiori proporzioni e in questo modo la pace fu preservata.

la Battaglia di Sisak

Nella primavera del 1593, proseguendo la sua personale guerra contro gli austriaci e volendo distruggere una volte per tutte l'ostacolo rappresentato da Sisak, Tilli Hasan riunì una considerevole forza armata comprendente anche fanteria e artiglieria per assediare la fortezza con maggiori prospettive di successo. Le fonti sono considerevolmente discordi sulle dimensioni del

them up through a trap set with powder barrels. Later Hasan took revenged for these actions in September, when he surprised the enemies not far from Sisak and captured the *Grenzer* commander Nádasdy Ferenc, seven guns and a thousand of soldiers and civilians. The Ottoman *paşa* sent 300 prisoners in chains to Constantinople, who were paraded: "like vile cattle under the blows of stick" in front of the Austrian legation's residence. The new threats caused much concern in Austria and Emperor Rudolph II ordered extraordinary church services in all his domains to prevent war, setting up a special call to prayer called 'the Turkish bell'. Apart from minor attacks on the Imperial border fortifications, the Ottomans avoided major engagements thereafter and the peace was saved.

▲ Dipinto allegorico di Hans von Aachen (1552-1612), raffigurante i trofei delle battaglie di Hermannstadt (1601) e Kronstadt (1603), nelle quali sono riprodotte insegne transilvane e ottomane.

Allegoric painting by Hans von Aachen (1552-1612), representing the trophies after the battle of Hermannstadt (1601) and Kronstadt (1603). Illustrated are several Transylvanian and Ottoman war ensigns.

corpo ottomano ed è altrettanto difficile ricavare una reale visione di quei fatti, perché tutte le relazioni sono in genere poco affidabili e tendono ad aumentare in modo inverosimile il numero di soldati di una parte o dell'altra. Con ogni probabilità, Hasan Paşa poteva contare su non più di 15.000 combattenti, consistenti in fanteria *azab*, sipahy provinciali, incursori *akinci* e altra cavalleria confinaria. La presenza dei giannizzeri è confermata solo nelle fonti occidentali, ma è probabile che Hasan avesse mobiliato parte della guarnigione *kapikulu* di Sarajevo, certo di poter contare sul sostegno del gran visir Koca Sinan Paşa. In ogni caso solo un numero relativamente modesto di soldati doveva essere equipaggiato con armi da fuoco. A questa campagna parteciparono i comandanti di Petrinja e Gradiska, come

The Battle of Sisak

In the spring of 1593, prosecuting his private war against the Austrians and wanting to destroy once and for all the obstacle represented by Sisak, Tilli Hasan collected a considerable force, which also includes infantry and artillery to lay siege to the fortress. The sources disagree considerably on the size of the Ottoman army. And it is hard to get a real perspective about these facts too, because all of the narrative sources are generally highly unreliable about dates, and they also tend to inflate the number of soldiers of the opposing armies. In all likelihood, Hasan Paşa did not have more than 15,000 combatants. And these consisted of *Azab* infantry, provincial *Sipahy*, the *Akinci*, and other border cavalry. The presence of

anche i *sançakbeg* di Zvornik, Klis-Livno, Lika, Hercegovina, Pakraz, Pozega, Orahovac, Vučitrn e il *beg* di Bihac appena insediato, ciascuno alla testa del proprio contingente. L'esercito comprendeva probabilmente anche le truppe dei *sancak* di Esseg e Brod. Il 10 o l'11 giugno 1593, Hasan si mosse per la terza volta con tutte le forze verso Sisak. L'artiglieria d'assedio e il bagaglio furono imbarcati su 29 barconi e trasportati a Gradiska risalendo la Sava. Il 14 giugno s'impadronì in poche ore di Drencina e il giorno seguente mise il campo sulla riva destra della Kupa. Appena ricevuto la notizia sui movimenti ottomani vicino al confine, in tutto il generalato di Croazia e Slavonia fu dato l'allarme per iniziare a raccogliere le truppe a Zagabria. Nella prima metà di giugno, circa 2.500 miliziani croati, Uscocchi e soldati imperiali furono riuniti assieme a 1.240 confinari sotto il *ban* Erdődy Tamas. Giorni dopo, tre compagnie del reggimento a piedi *Reitenau* guidate dal comandante imperiale Ruprecht von Eggenberg si accamparono fuori Zagabria. Altre unità si unirono all'armata prima del 18 giugno. Si trattava dei 300 archibugieri a cavallo del conte Andreas von Auersperg-Turjak, arrivati da Karlsatdt; 100 archibugieri a piedi dalla Carinzia sotto il capitano Kristof Obrucan; 200 cavalieri dalla Carniola riuniti in due compagnie sotto il *Rittmeister* Adam Rauben e 160 moschettieri da Karlstadt guidati dai capitani Georg and Sigismund Paradeiser. Appena partiti da Zagabria, gli imperiali aumentarono la loro forza con 500 cavalleggeri dalla Slesia agli ordini del colonnello Melchior Radern. Il giorno dopo altri 400 fanti, agli ordini del *Grenzoberst* della Slavonia Stephan Grasvajn, si unirono alla colonna in marcia, seguiti da 300 Uscocchi sotto Erdődy Petar e infine giunse una compagnia del reggimento di cavalleria *Montecuccoli* comandata dal *Rittmeister* Martin Picnik. Le forze asburgiche disponevano di almeno 3.500 archibugieri e moschettieri, senza contare altri soldati con armi da fuoco che potevano essere presenti negli altri reparti. Gli ottomani erano numericamente superiori, ma gli imperiali disponevano di maggiore potenza di fuoco, migliore disciplina e conoscenza del terreno. Il solo vantaggio ottomano consisteva nel comando unificato. L'armata imperiale marciò in

Janissaries is confirmed only by western sources, but it is possible that Hasan had mobilized part of the *kapikulu* garrison of Sarajevo, trusting in the support of the grand vizier Koca Sinan Paşa. In any case only a relative small number should have been armed with firearms. In this campaign participated the commanders of Petrinja and Gradiska and also the *sançakbeg* of Zvornik, Klis-Livno, Lika, Hercegovina, Pakraz, Pozega, Orahovac, Vučitrn and the newly appointed *beg* of Bihac, all with their own contingents. The army probably contained some troops from the *sancak* of Esseg and Brod. On June 10 or 11, Hasan moved his force on Sisak for the third time. The siege artillery and the train were carried on 29 boats and transported to Gradiska going up the river *Sava*. In just several hours he captured Drencina on June 14, and the next day he made camp on the right bank of the river *Kupa*.

After receiving the news of the Ottoman's move near the frontier, the Imperial Generalat of Croatia and Slavonia began to gather troops near Zagreb. In the first half of June about 2,500 militiamen of Croatia, Uskoks and Imperial troops were joined with the 1,240 *Grenzer* under the *ban* Erdődy Tamas. Days after, three companies of the regiment to foot *Reitenau*, led by the Imperial general Ruprecht von Eggenberg, encamped outside Zagreb. Other units joined the Imperial army before June 18. They were 300 mounted arquebusiers of the count Andreas von Auersperg-Turjak from Karlstadt; 100 foot arquebusiers, under captain Kristof Obrucan from Carinthia; 200 horsemen in two companies under the captain Adam Rauben from Carniola, and 160 musketeers led by the captains Georg and Sigismund Paradeiser from Karlstadt. After moving from Zagreb to Sisak, the Imperials increase their force with 500 Silesian horsemen under the colonel Melchior Redern. Another 400 infantrymen, led by the Slavonian *Grenzoberst* Stephan Grasvajn, joined the marching columns, which followed 300 other *Uskoks* under Erdődy Petar and the *Rittmeister* Martin Picnik with a company of 100 Austrian horsemen from the *Montecuccoli* regiment. The Habsburg force numbered about 3,500 arquebusiers or musketeers, not counting other soldiers with firearms that

► Imperiali e transilvani combattono assieme contro gli ottomani in questa incisione opera di Lucas Mayer. Il principe di Transilvania Báthory Zsigmond siglò un trattato d'alleanza con gli Asburgo nel dicembre del 1594, ma gli sforzi congiunti furono frustrati nel settembre del 1596, quando Mehmed III sconfisse l'arciduca Massimiliano e il principe Báthory a Keresztes.

Imperial and Transylvanian joined forces fighting against the Ottomans in this engraving by Lucas Mayer. Transylvania under Báthory Zsigmond signed an alliance treaty with Habsburg in December 1594. However, joined efforts were frustrated in September 1596, when Mehmed III defeated the Archduke Maximilian and Prince Báthory at Keresztes.

direzione di Sisak e il 18 giugno si scontrò con un distaccamento avversario di 2-300 cavalieri che fu facilmente sopraffatto, quindi il giorno successivo raggiunse il castello di Zelina, dove si accampò in attesa di ulteriori rinforzi. Altre piccole aliquote del *Militärgrenze* ingrossarono le fila imperiali il 20 giugno; quindi il giorno 21, constatato che i confinari di Jiurai Zrínyi si trovavano ancora lontani, l'armata si mosse in direzione sudest marciando sul lato sinistro della Sava. Dopo un consiglio di guerra discusso in latino, il comando austro-croato-ungherese decise di dare battaglia immediatamente, avanzando su Sisak senza ricognizione preliminare, per sfruttare l'effetto sorpresa e cogliere gli ottomani mentre erano impegnati nel loro assedio. Il comando generale fu assunto da Auersperg e Eggenberg, alla testa di circa 7.000 uomini. La fortezza di Sisak era difesa da Blaz Djurak e Mathias Fintic con 300 *harami* e alcuni volontari accorsi dai dintorni. La guarnigione era stata accresciuta con 100 fanti tedeschi inviati da Eggenberg, che portarono il totale a 800 uomini in tutto.

Dopo aver costruito un ponte attraverso il fiume Kupa, Hasan aveva posizionato la sua artiglieria ulla riva sinistra e iniziò a bersagliare il portone e il torrione sul lato del fiume. Il 20 giugno gli ottomani riuscirono ad aprire una breccia e immediatamente lanciarono un assalto con le scale, che però fu respinto. I difensori, non avendo più notizie dei soccorsi, stavano iniziando a

could have been present in other units. The Ottomans were numerically superior, but the Imperials had more in the way of firepower, as well better discipline and knowledge of the territory. The only additional advantage the Ottomans had was a more unified command. The Imperial army moved to Sisak in the morning early of June 18, and after defeating an enemy detachment of 2-300 horsemen, it reached the Zelina castle on June 19. It remained there until the next day, awaiting reinforcements. Other small units from the *Militärgrenze* joined the Imperial army on June 20. Then, on June 21, since new troops under Jiurai Zrínyi did not yet arrive, the Imperials proceeded to march south-east on the left side of the river *Sava*. After a war council discussed in Latin, the Austrian-Hungarian-Croatian command decided to engage battle immediately, advancing to Sisak without reconnaissance, while the Ottomans were proceeding with their siege there. The general command was assumed by Auersperg and Eggenberg, at the head of about 7,000 men. The fortress of Sisak was defended by Blaz Djurak and Mathias Fintic with 300 *harami* and some volunteers from the neighbours. The garrison increased its force before the coming of the Ottomans with 100 German soldiers sent by Eggenberg, bringing the total to 800 men at all.

After building a bridge over the river *Kupa*, Hasan had positioned his artillery on the left bank, and targeted the gate and the tower facing the river

demoralizzarsi. Marciando in direzione di Sisak, i comandanti schierarono le loro forze in due linee, come era usuale nell'esercito imperiale. Nella prima linea trovarono posto gli Uscocchi e i confinari a piedi, con gli ussari e gli archibugieri a cavallo di Auersperg sulle ali. Nella seconda linea andarono a schierarsi la cavalleria di Redern e Picnik con la fanteria del reggimento *Reitenau* al centro. Auersperg comandava la prima linea e Eggenberg la seconda. Avvisato dell'arrivo dei nemici, Hasan lasciò davanti a Sisak 3.000 uomini a continuare l'assedio e con gli altri si mosse verso nord. All'ala sinistra erano schierati gli arcieri a piedi e la fanteria, mentre al centro e all'ala destra presero posizione due corpi di cavalleria. La battaglia iniziò nella tarda mattinata quando Erdődy guidò i suoi croati all'assalto dell'ala sinistra avversaria. Il piano imperiale era quello di imbottigliare la cavalleria ottomana attirandola in trappola nell'area scoperta fra i fiumi Kupa, l'affluente Odra e la Sava, usando i corsi d'acqua per proteggere i fianchi. Dopo aver respinto l'assalto dei confinari, Hasan fece avanzare la cavalleria per aggirare gli avversari, ma venne accolto dal tiro simultaneo della moschetteria pronta ad aspettarlo. Le schiere si disordinarono e sotto pressione gli ottomani iniziarono a indietreggiare, ma ben presto la ritirata si trasformò in una fuga precipitosa. Poco prima, intuendo che gli avversari stavano abbandonando lo scontro, la guarnigione di Sisak aveva eseguito una sortita per distruggere il ponte sul fiume Kupa. Il piano imperiale aveva funzionato meglio del previsto e adesso gli ottomani non potevano più ritirarsi. Solo qualche centinaio di loro riuscì a salvarsi, mentre gli altri furono uccisi, catturati, oppure annegarono nella Kupa. La battaglia era durata meno di un'ora. Le perdite imperiali erano state insignificanti, 40-50 uomini secondo le fonti austriache. Gli ottomani salvarono l'artiglieria, eccetto tre cannoni di grande calibro e dopo aver dato fuoco all'accampamento sulla riva opposta della Kupa, si ritirano. Avevano perduto almeno 8.000 uomini, compresi Hasan Paşa e quattro *sancakbeg*, di cui due erano nipoti del sultano regnante Murad III. Auersperg e Eggenberg avevano la via libera per conquistare Petrinja, ma non potevano invadere il territorio nemico senza permesso. Era la prima volta dai

side. On June 20 the Ottomans soon breached a portion of wall. A scaling assault was repulsed, but the defenders, not having news on the coming of the Imperial army, were demoralized. Marching to Sisak, Auersperg and Eggenberg deployed their forces in two battle lines, as usual in the Imperial army. The first line was composed by Grenzer infantrymen and *Uskoks* with hussars and Auersperg's mounted arquebusiers on the wings. In the second line took place Redern and Picnik cavalry with the infantry regiment *Reitenau* in the centre. Auersperg commanded the first line and Eggenberg the second. Warned of the enemy arrival, Hasan left 3,000 men to continue the siege and moved the other 12,000 north. On the left wing were deployed foot archers, in the centre and in the right wing moved two corps of cavalry. The battle began immediately. Erdődy led in the late morning his Croats for the first assault against the Ottoman left wing. The Imperial plan was to outmanoeuvring the Ottoman cavalry, and trap the Ottomans in the open area between the three rivers - *Kupa*, with its emissary *Odra*, and the *Sava*. They also were going to use these same rivers to protect their own flanks. Initially, after repulsing the first assault, Hasan advanced his cavalry, trying to envelope the Imperials, but they were met by the fire of the enemy firearms. Under this pressure the Ottomans begun to retire, but the manoeuvre turned into a disorderly flight. Meanwhile, realizing that the enemies were abandoning the field, the fortress garrison did a sortie and destroyed the bridge on the river *Kupa*. The Imperial plan had worked out better than expected and now the Ottomans could no longer withdraw. Only several hundred, were able to save themselves, the others were killed, captured or drowned in the river. The battle lasted less than an hour. The Imperial losses had been insignificant, 40-50 men according their own records. The Ottomans saved the artillery, except three guns of large calibre, and after burnt the camp on the opposite side of the river *Kupa*, they retired leaving at least 8,000 casualties, included Hasan Paşa and four *sancakbeg*, two of whom were grandsons of the reigning sultan Murad III. Auersperg and Eggenberg had the way to Petrinja open, but they could not invade

tempi di Mohács che un'armata ottomana veniva sconfitta così duramente su un campo di battaglia del regno d'Ungheria.

Inizia la Lunga Guerra

Quando la notizia della disfatta raggiunse Istanbul, la costernazione generale si trasformò presto in rabbia e in desiderio di vendetta. Le madri dei due *beg* uccisi si rivolsero al sultano loro fratello esortandolo a dichiarare guerra all'imperatore. Il gran visir Sinan, irriducibile nemico di Casa d'Austria, si dichiarò a favore, supportato dalle pressioni provenienti dai giannizzeri e dai comandanti dell'esercito. Il 29 luglio, Murad III nominò l'anziano Sinan Paşa comandante in capo dell'esercito ottomano. Il gran visir mobilitò a Istanbul circa 12.000 giannizzeri e quattro dei sei corpi di cavalleria del *kapikulu*. L'ambasciatore imperiale fu arrestato e trasferito con tutto il personale al suo seguito nella lugubre prigione della Torre Nera. Quegli eventi indussero il barone austriaco Poppel von

enemy territory without permission. It was the first time since Mohács that an Ottoman army fought a field battle in the Kingdom of Hungary and was defeated so badly.

The Long War begins

When the news about the defeat reached Constantinople, the general consternation turned soon in rage and desire for vengeance. The mothers of the two *beg* killed turned to their brother arousing him to declare war. The grand vizier Sinan, an irreducible adversary of the Habsburg, declared his positive opinion about a war in Hungary, and this was supported with pressure coming from the Janissaries and other military chiefs. On July 29, Murad III investing the aged Sinan Paşa supreme commander of the Ottoman army. The grand vizier mobilized in Constantinople some 12,000 Janissaries and four of the six household cavalry regiments. The Imperial ambassador with all his personnel was arrested and transferred to the lugubrious Black

▼ La storia di quest'elmo mostra come molte delle armature e degli equipaggiamenti cambiassero proprietario da un fronte all'altro. Questo raro elmo fabbricato a Norimberga verso il 1580 per la nobiltà ungherese, finì nelle mani degli ottomani e fu riutilizzato da un cavaliere *sipahy* dopo aver fatto incidere il nome 'MOHAMMED'. (Zurigo, collezione privata)

The history of this helmet shows how much of the armour and equipment was exchanged between the warring states. This rare helmet produced in Nurnberg circa 1580 for the Hungarian nobility, became an Ottoman war booty after 1591 and employed by a sipahy, after graved the inscription 'MOHAMMED'

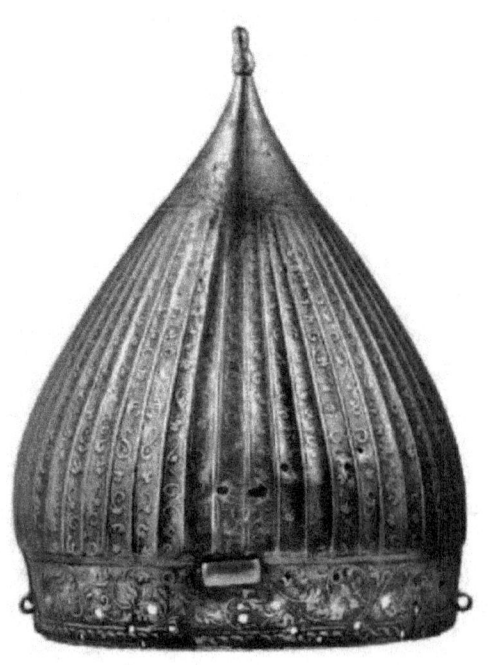 

Lobkowitz, che si trovava in viaggio alla volta di Istanbul con il denaro per il tributo del 1592 e 1593, a fermarsi a Komárom appena udite le nuove di una guerra imminente.

Nonostante le ostilità fossero state provocate dalla Porta, è indubbio che gli ottomani si trovarono all'inizio quasi impreparati e secondo certe fonti fu solo nell'estate del 1594 che il gran visir riuscì a mobilitare una forza sufficiente a intraprendere una vera campagna di guerra. Sinan si rese conto che la stagione era troppo avanzata per una campagna in grande stile e comprensibilmente differì la mobilitazione delle truppe, iniziando le operazioni con un numero relativamente basso di soldati. Sulla scorta di quanto lasciò scritto Abdulkadir Efendi, un ben informato ufficiale d'artiglieria, le truppe di dieci *sancak* anatolici condotte da Saturci Mehmed Paşa, un veterano dell'ultima guerra contro la Persia, riuscirono a ricongiungersi con l'armata principale a Belgrado, solo procedendo a marce forzate dietro Sinan che si muoveva velocemente verso nord. Un ulteriore motivo di questa frettolosa condotta va ricercato nella strategia pianificata dal gran visir, che nella prima campagna intendeva soltanto preparare l'armata in vista di uno scontro decisivo, per poi dare seguito all'ambizioso piano di conquista non soltanto dell'Ungheria asburgica, ma della stessa Vienna. In effetti, le sole azioni di rilievo di quella campagna furono la conquista delle cittadine di Veszprém e Várpalota, due obiettivi tutto sommato modesti. Sennyei Pongrác, l'inviato del principe di Transilvania, incontrò Sinan a Mohács nell'autunno del 1593 e si rese conto di quanto l'anziano gran visir fosse esageratamente sicuro di archiviare la vittoria. Incurante di ogni discrezione, Sinan riferì all'inviato transilvano di non avere dubbi sul fatto che nella primavera seguente sarebbe stato in grado di andare all'assalto di Vienna e perfino di Praga.

Come loro abitudine, gli ottomani pianificarono di prendere i quartieri d'inverno per il giorno di *Kasim*, il 30 novembre, ma a Komárom gli imperiali si prepararono per una campagna invernale e misero insieme un'agguerrita forza a cavallo sotto Nádasdy, Pálffy and Zríny, con la quale assalirono le colonne nemiche in marcia a Jakoya ed Érsekújvár. In quest'ultima località, il 3

Tower jail. These events caused the Austrian baron Poppel von Lobkowitz, while he was travelling to Constantinople from Prague, carrying the tribute to the Porte for 1592 and 1593, to stop in Komárom just heard the news of the upcoming war.

Although it is an undeniable fact that the Ottoman leadership was the first one to declare war on the Habsburgs, it is obvious that there was a certain Ottoman unpreparedness in Sinan's mobilization against the Habsburgs, and according to some sources it was only in the summer of 1594 that the Ottomans were able to mobilize a large military force, which could pursue the war. The grand vizier was well aware of the late season for a major campaign; understandably, he did not wait for a complete mobilization, but started the first campaign of the war with a relatively limited number of troops. According to Abdulkadir Efendi, a well informed contemporary Ottoman *topçu* (artillery) officer, troops from ten Anatolian *sancak* under Saturci Mehmed Paşa, a veteran of the last Persian War, were able to catch up with the fast moving Sinan only at Belgrade. As well, another reason for these hasty preparations, was that Sinan's strategy was to use the first campaign as a military warm-up move; before he could realize his extremely ambitious plan for the conquest of not only north west Hungary but also of Vienna itself. The only major action of the campaign was the conquest of the cities of Veszprém and Várpalota: two goals altogether modest. Sennyei Pongrác, the special envoy of the Transylvanian Prince, met in autumn 1593 the exceedingly self-confident Sinan at Mohács, where he learned that the grand vizier was very certain that the Ottoman victory was going to be easy. Sinan left no doubt for the Transylvanian envoy that he was going to attack Vienna and even Prague in the following spring.

As usual, the Ottomans planned for their winter quarters for the *Kasim* day, November 30, but the Imperials sent a mounted force to Komárom and launched a winter campaign under Nádasdy, Pálffy and Zríny, with which harassed the enemy marching columns at Jakoya and Érsekújvár. In the last engagements, that happened on November 3, the Ottomans under Sokollu Hasan lost 40 guns. The Hungarian-Croatian forces joined the troops

novembre, sorpresero gli avversari agli ordini di Sokullu Hasan catturando 40 cannoni. Le forze ungheresi e croate si unirono alle truppe agli ordini del barone Christoph von Teuffenbach, capitano generale della Stiria, e prima di dicembre incendiarono un gran numero di palanka e altri siti fortificati lungo il confine fra Fülek (od. Fil'akovo in Slovacchia) e Szécsény. Nel febbraio del 1594 gli ungheresi eseguirono altre devastanti incursioni contro Hatvan ed Esztergom, quindi in marzo Teuffenbach e l'arciduca Mattia d'Asburgo anticiparono il nemico conquistando Nógrád (od. Novohrad in Slovacchia) sul fronte ungherese e Petrinja su quello croato. Poi in maggio l'arciduca assediò Esztergom, ma fu forzato a ritirarsi agli inizi di giugno, alla notizia dell'arrivo dell'armata ottomana sotto Sinan. Nello stesso periodo Teuffenbach investì Hatvan e riuscì a respingere con successo il corpo di soccorso nemico, sconfiggendolo nella battaglia di Tura, combattuta il 1° maggio. Ma anche Teuffenbach fu costretto a ritirarsi prima di giugno, per la presenza sul teatro di guerra dell'intera armata ottomana. Il gran visir ordinò la distruzione dei ponti sulla Raab e subito dopo assediò e conquistò Tata e Szent Márton (od. Pannonhalma in Ungheria) il 17 luglio, quindi il 27 settembre assalì Győr, un'importante piazza difesa da una guarnigione di 1.000 uomini, che si arrese dopo 20 giorni di violenti combattimenti e infine il 16 ottobre iniziò l'assedio di Komárom. La guarnigione ungherese oppose una fiera resistenza e l'assedio fallì prima dell'inizio della brutta stagione. La reazione imperiale fu cauta, a causa della notizia riguardante l'arrivo in Ungheria di 40.000 tatari sotto Ghazi Giray, inducendo Teuffenbach e l'arciduca a ritirare i loro compositi contingenti nell'Alta Ungheria.

Le molte battaglie in campo aperto combattute nelle fasi iniziali della guerra non misero fine agli assedi, i quali rimasero in assoluto gli episodi più importanti e numerosi di tutti e tredici gli anni del conflitto. Per gli Asburgo la priorità strategica fondamentale era quella di tenere al sicuro le province ereditarie austriache e boeme dalle incursioni ottomane, per cui la maniera migliore per ottenere questo risultato era di stabilire nuove difese. Il fronte ottomano

under the baron Christoph von Teuffenbach, the general captain of Styria, and before December destroyed several Ottoman palankas along the border from Fülek (today Fil'akovo in Slovakia), to Szécsény. In February 1594, the Hungarians launched successful cavalry raids against Hatvan and Esztergom, then in March Teuffenbach and the archduke Matthias von Habsburg were able to anticipate the enemy conquering Nógrád (today Novohrad in Slovakia) in the Hungarian front and Petrinja on the Croatian one. In May, the archduke besieged Esztergom, but he was forced to retire in early June, to the news of the arrival of the Ottoman army under Sinan. In the same period Teuffenbach invested Hatvan, but he was able to repulse the Ottoman relief corps, defeating it in the battle of Tura, fought on May 1. However, before June Teuffenbach was forced to withdrew, when the whole Ottoman army arrived. The grand vizier destroyed the bridges on the river *Raab* and soon besieged and conquered Tata and Szent Márton (today Pannonhalma in Hungary) on July 17, then Győr on September 27, a strategically relevant place defended by a 1,000 men strong garrison capitulated after 20 days of hard fighting, and finally he began to siege Komárom on October 16. The Hungarian garrison set up a fierce resistance and the siege failed before the incoming winter. Imperial reaction had been cautious, especially after the news about the arrival in Hungary of 40,000 Tartars under Ghazi Giray, convincing Teuffenbach and the archduke to retire their composite force in the Upper Hungary.

The several open field battles, during opening stages of the Long War, gave way to sieges, which remained indisputably the most important military engagements during the thirteen years of military confrontation. For the Habsburg the most important strategic priority was to keep the Austrian Hereditary Provinces and Bohemia protected from Ottoman incursions, and the best way to obtain this was establishing new defences. The Ottoman front became one of the major preoccupations for Prague, notwithstanding the Austrian involvement in Low Countries in support of Spain. The increasing cost of war caused as well difficulties for the Emperor, seeking to

diventò la principale preoccupazione per Praga, nonostante il crescente coinvolgimento austriaco nei Paesi Bassi a sostegno della Spagna. I costi della guerra causarono gravi problemi al tesoro imperiale, rendendo difficoltosa la costituzione di contingenti in grado di intraprendere una strategia offensiva e chiudere il confronto a proprio favore. Entrambi i contendenti condussero perciò anno dopo anno una lunga serie di assedi; alcune piazze furono conquistate e perdute due volte, come Győr, Érsekújvár, Esztergom e Tata. La risposta ottomana alla strategia austriaca fu quella di incrementare il numero di soldati a piedi armati di moschetto reclutati per una singola campagna. Riguardo l'aspetto tattico è importante sottolineare come la presenza di tanti combattenti in grado di usare un'arma da fuoco, ma tatticamente poco addestrati, abbassò notevolmente il livello di efficienza in combattimento dell'armata ottomana. Queste truppe colmarono il bisogno immediato di fanteria armata di moschetti, ma non si trattava di combattenti pagati regolarmente, come i giannizzeri, e tantomeno disciplinati come i corpi permanenti. Poiché ogni successivo assegnamento all'armata era incerto, il problema del loro addestramento rimase a lungo irrisolto. Nel caso della cavalleria non ci furono segnali per una seria riconsiderazione d'impiego di queste truppe in campagna. Nell'ultima decade del XVI secolo era diventato chiaro che il ruolo della cavalleria leggera armata di lancia e arco era cambiato considerevolmente. Tutti questi fattori spinsero quindi entrambe le armate a dotarsi in numero sempre crescente di personale per la conduzione di un assedio, trasformando la guerra in un duello d'ingegneria, che però richiedeva una spesa esorbitante in uomini e materiali.

Ma anche altri fattori influenzarono la condotta della Guerra. Nel dicembre del 1594 la cancelleria imperiale mise a segno un importante risultato, riuscendo a portare dalla propria parte la Transilvania, seguita nel febbraio del 1595 anche da Valacchia e Moldavia. Gli ottomani avevano considerato solo superficialmente l'ipotesi di un'alleanza del genere, eppure i segnali di disimpegno dei principati vassalli apparivano evidenti già nel 1593. L'apertura di nuovi fronti di

raise new troop contingents in order to perform an offensive strategy. Both sides conducted a long series of sieges and counter-sieges year after year, and some places were conquered and lost two times, such as Győr, Érsekújvár, Esztergom and Tata. The Ottoman response to Austrian strategy was to increase the number of musket bearing infantrymen, recruiting for the space of a single campaign men who knew how to use these firearms. Regarding the tactical perspective, it is important to point out that numerous armed, but tactically poorly trained, new Ottoman military units actually lowered the formerly high standard of combat. These troops filled the immediate need for infantry soldiers carrying firearms, and consequently they were not on a permanent payroll, unlike the Janissary Corps. Since the next assignment was always uncertain, their continuous training remained an unresolved problem. In the case of the cavalry, there was no sign that the Ottoman establishment had ever seriously considered an overhaul of these troops in campaign. By the last decades of the 16th century, it became clear that the role of the light cavalry armed with lances and bows had changed considerably. Alongside these factors, auxiliary personnel to perform sieges joined both armies, transforming the conflict in an engineering duel, which demanded of the Ottomans and Habsburgs alike an exorbitant expenditure in men and war material.

Other factors influenced the conduct of war. In December 1594, the Imperial chancellery obtained an important goal, bringing to his side Transylvania and later in February 1595 Walachia and Moldavia too. The Ottomans had only superficially considered this alliance, but signs of a disengagement of the vassal states were evident already in 1593. The opening of new fronts provoked serious problems for the Ottomans, now involved against four different enemies. In the previous January, the death of the sultan Murad III had left open a change of personalities in the Ottoman government, leaving Sinan in a precarious position. His adversaries accused the hated grand vizier of negligence and nepotism and obtained his deposition on February 16. The new grand vizier, the Albanian Ghazi Ferhad

guerra causò seri problemi alla Porta, adesso coinvolta contemporaneamente contro quattro avversari. Nel gennaio precedente, la morte del sultano Murad III aprì a un cambio di personaggi nel governo, lasciando Sinan in una posizione precaria. I suoi avversari accusarono l'odiato gran visir di negligenza e nepotismo, ottenendo finalmente la sua destituzione il 16 febbraio. Il nuovo gran visir, l'albanese Ghazi Ferhad Paşa, convocò un consiglio di Guerra per il 22 aprile, dopodiché decise di inviare l'armata contro i principi ribelli di Valacchia e Moldavia. Attraverso la sua rete di relazioni, Sinan organizzò una cospirazione contro Ferhad, che fu contestato una prima volta dai *sipahyoglani* (i cadetti della cavalleria del *kapikulu*) alla partenza da Istanbul. Altri incidenti avvennero nell'armata nel corso della campagna. Il 14 maggio ci fu una furibonda lite fra giannizzeri e artiglieri, istigata dai sostenitori di Sinan. All'inizio di luglio Ferhad fu definitivamente travolto da un intrigo di palazzo e Sinan, ormai ottantenne, ottenne per la quarta volta la carica di gran visir. Gli Asburgo sfruttarono a proprio vantaggio il caos regnante nel campo nemico e durante l'estate inviarono nuove truppe agli ordini del conte Karl von Mansfeld. Il generale aveva ricoperto l'incarico di comandante in capo dell'armata spagnola nei Paesi Bassi ed era arrivato in Austria con una forza di 2.000 sperimentati soldati a cavallo e 6.000 fanti. Lo *Hofkriegsrath* (il consiglio aulico di guerra) assemblò altre truppe nella Bassa Austria, reclutando prima di agosto 10.000 soldati tedeschi

Paşa, called a war council in April 22, after which he decided to send the army against the Walachian and Moldavian rebel princes. Through his network of relationships, the deposed Sinan organized a conspiracy against Ferhad, who was contested the first time by the *sipahyoglani* (the cadets of kapikulu cavalry) when he left Constantinople. On May 14 a violent brawl exploded between Janissaries and artillerymen, instigated by the supporters of Sinan. In early July, Ferhad was finally overthrown by a palace intrigue and Sinan, aged 80, obtained for the fourth time the charge of grand vizier. The Habsburgs were able to profit from the chaos in the enemy camp and in summer send new troops in Hungary under Karl von Mansfeld. The general had been the commander in chief of the Spanish Low Countries army and he arrived in Austria with a force of 2,000 experienced cavalrymen and 6,000 infantrymen. The *Hofkriegsrath* (Imperial War Council) assembled other troops in Low Austria, recruiting before August some 10,000 additional Walloon and German soldiers, as well as 3,000 Bohemian infantrymen, 700 Hungarian hussars, 700 German mounted arquebusiers and 600 cuirassiers from the Empire. The first

► Koca Sinan *paşa* (1506-1596) proveniva da una *devşirme* (leva di giovani) albanese e iniziò la sua carriera nel governo ottomano dopo il brillante servizio militare prestato nelle guerre contro lo Yemen, la Persia e la Spagna. Dopo due anni passati come governatore dell'Egitto, nel 1573 fu nominato gran visir. Sinan fu poi insediato per altre cinque volte fino alla sua morte. I contemporanei lo temevano per la sua potente rete di relazioni nell'esercito e per l'abilità a organizzare complotti e intrighi a corte.

Koca Sinan paşa (1506-1596) came from an Albanian devşirme (youth levy), and began his career in the Ottoman government after a brilliant military service against Yemen, Persia and Spain. After two years as the governor of Egypt, he was appointed in 1573 as grand vizier. He was re-appointed five more times until the death. His contemporaries feared him for his powerful network of relations in the army and his ability to manage plots and intrigues in the court.

e valloni e 3.000 fanti dalla Boemia; 700 ussari ungheresi, 700 archibugieri a cavallo e 600 corazzieri da diversi Stati dell'Impero. Il primo obiettivo di Mansfeld era Esztergom, mentre Teuffenbach e Nádasdy, alla guida delle truppe acquartierate nel settore nordest, avrebbero assediato Szolnok. Entrambe le offensive miravano alla conquista finale di Buda e Pest, considerate il centro di gravità strategico di tutto il teatro di guerra. Alcune efficaci incursioni furono dirette da Nádasdy e Pálffy contro le palanka ottomane lungo il confine, per facilitare l'avanzata delle due armate. Tuttavia gli imperiali fallirono a Szolnok, mentre Mansfeld arrivò davanti a Esztergom il 2 luglio. Gli ottomani, sotto il *beglerbeg* d'Anatolia Sinanpaşazade Mehmed, figlio del gran visir, cercò di organizzare un corpo di soccorso alla città assediata, riunendo una forza di 6.000 cavalieri, tatari inclusi, 3.000 giannizzeri e altri 1.000 soldati a piedi, provenienti da Temesvár con Mikhalidsli Ahmed Paşa, da Győr e Buda con il *paşa* Sofi Sinan e il circasso Mahmoud Paşa di Aleppo. La guarnigione di Esztergom assommava a 800 combattenti, più altri 400 residenti turchi in grado di portare le armi; Kara Ali *beg* teneva il comando. Altri 1.500 *sipahy* erano stati spediti prima di luglio, dopo l'incontro avvenuto fra il gran visir e Kara Ali per concertare la difesa della piazza. Fra il 25 luglio e il 3 agosto la piccola forza di soccorso ottomana eseguì alcune puntate offensive contro l'accampamento degli assedianti, senza ottenere successi di rilievo. Pertanto, il 4 agosto, Koca Mehmed decise di assalire gli avversari con tutte le forze disponibili. Il suo piano prevedeva una diversione contro i crocevia di accesso alla città da parte dei tatari e altra cavalleria, mentre il corpo principale con tutta la fanteria avrebbe assalito il campo nemico e provato a entrare in città con i rinforzi. Nonostante tute le attenzioni prestate, l'assalto fallì. Rallentati oltremodo dal bagaglio, gli ottomani avanzarono separati in due corpi e in gran disordine. Alle prime luci dell'alba gli ussari ungheresi di Pálffy intercettarono la cavalleria nemica mentre avanzava sul lato sinistro del Danubio. A completare il disastro, tatari e ottomani andarono a impattare contro un convoglio di rifornimenti scortato da

objective of the new army under Mansfeld was Esztergom, while Teuffenbach and Nádasdy were leading the force quartered in the north-east area, proceeded with the conquest of Szolnok. Both offensives targeted the final conquest of Buda and Pest, considered as the strategic gravity centre of the whole region. Successful raids were directed by Nádasdy and Pálffy against the Ottoman palankas along the border to clear the army's progress. The Imperials, however failed to conquer Szolnok, while Mansfeld arrived in front to Esztergom on July 2. The Ottomans under the *beglerbeg* of Anatolia Sinanpaşazade Mehmed, the grand vizier's son, attempted to bring relief to the city, assembling a force of 6,000 cavalry, include Tartars, 3,000 Janissaries and another 1,000 infantrymen, all coming from Temesvár, under Mikhalidsli Ahmed Paşa, Győr and Buda, with the *paşa* Sofi Sinan and the Circassian Mahmoud Paşa of Aleppo. The garrison of Eszetrgom numbered 800 soldiers, with about other 400 Turkish residents able to fight; Kara Ali *beg* held this command. Another 1,500 horsemen were sent in the city before July, after an agreement between the grand vizier and Kara Ali as to how best to prolong the defence. In the days between July 25 and August 3, the small Ottoman force made some attempts against the besieger's camp, but these had not been successful. Therefore Koca Mehmed decided for August 4 to assault with all the forces. His plan provided for a diversion against the access crossroads to the city, with Tartars and other cavalry, while the main corps with all the infantry had to assault the enemy camp. Despite these efforts, the assault faulted. Slowed significantly by their baggage, the Ottomans advanced separated in two corps and in poor order. The Hungarian hussars under Pálffy intercepted in the early morning the approaching enemy cavalry on the left side of Danube. To complete the disaster, Ottomans and Tartars clashed against the Imperial train escorted by Schwarzenberg, while he was marching to east of Esztergom. The main corps under Koca Mehmed appeared in front of Mansfeld's camp and deployed in their traditional half-moon battle formation, but the Imperial heavy cavalry were already alerted and repulsed the advancing

Schwarzenberg che avanzava a est di Esztergom. Il corpo principale sotto Koca Mehmed apparve di fronte al campo di Mansfeld e si schierò nella tradizionale formazione a crescente, ma la cavalleria pesante imperiale era già stata allertata e respinse facilmente gli assalti avversari. Solo 1.400 fanti cercarono di farsi strada verso Esztergom, ma furono tutti uccisi o catturati; anche 39 colubrine andarono perdute. Alcuni giorni dopo la battaglia, 3.000 soldati a piedi milanesi e 700 a cavallo da Mantova si unirono all'armata assediante; quindi, il 22 agosto, don Giovanni Francesco Aldobrandini alla testa del contingente di 13.000 uomini inviato dal papa arrivò dall'Italia, giusto in tempo per difendere il campo imperiale da un'incursione ottomana nella mattinata del 27 agosto. A parte le perdite subite in combattimento, gli imperiali e i loro alleati soffrivano molto il clima umido e malsano dell'Ungheria, ammalandosi e morendo in molti. Mansfeld stesso, ferito nel combattimento del 4 agosto, lasciò il comando all'arciduca Mattia e fu trasportato a Komárom, dove morì il 30 agosto. Dopo la resa di Esztergom, avvenuta il 2 settembre, gli imperiali assediarono Višegrad, che aprì le porte sei giorni dopo, mentre Klis, situata alla frontiera bosniaca, fu conquistata dai croati del conte von Lenkowitz. Il solo successo ottenuto dagli ottomani sugli Asburgo nel 1595 era stato la riconquista di Petrinja, mentre la campagna in Valacchia si era conclusa con'umiliante riturata. Le continue notizie di disfatte che provenivano da ogni fronte di guerra allarmarono la corte ottomana e il sultano ordinò tre giorni di preghiera per scongiurare i funesti presagi scaturiti a seguito di un terremoto in Anatolia. Più concretamente, Mehmed III depose Sinan e lo rimpiazzò con Lala Mehmed, che però governò per solo tre giorni prima di morire. A quel punto i giannizzeri reclamarono il ritorno di Sinan e il sultano dovette acconsentire. Gli eventi precipitarono a seguito di nuovi contrasti fra Sinan e il visir Ibrahim, cognato del sultano, ma nessuna delle fazioni prevalse. L'anziano gran visir persuase il sultano a guidare egli stesso l'armata in campagna, come aveva fatto il suo glorioso antenato Solimano il magnifico. Egli propose come obiettivo qualificato la città di Eger, la

enemy. Only 1,400 infantrymen managed to reach Esztergom, but were killed or captured. Also 39 culverins were lost. Some days after the battle, 3,000 Milanese troops and 700 horsemen from Mantua joined the besieging army. Then on August 22, don Giovanni Francesco Aldobrandini with the papal contingent of 13,000 men arrived from Italy, just in time to defend the Imperial camp from an Ottoman raid, on the early morning of August 27. Apart the battle losses, the Imperials and their allies suffered greatly from the climate conditions in Hungary, with significant numbers succumbing to diseases. Karl von Mansfeld, wounded in the fight of August 4, left the command to the archduke Matthias and was transported to Komárom, where he died on August 30. After the surrender of Esztergom in September 2, the Imperials besieged Višegrad, who opened the doors six days later, meanwhile Klis, sited on the Bosnian frontier, was conquered by the Croats of count von Lenkowitz. The only success achieved by Ottomans against the Habsburg in 1595 had been the conquest of Petrinja, while the Walachian campaign had been closed with an ignominious retreat. The news of continuous defeats coming from every side alarmed the Ottoman court, and the Sultan ordered three days of prayer to ward-off bad omens, following an earthquake in Anatolia. As well, Mehmed III deposed Sinan, and replaced him with Lala Mehmed, who ruled shortly just three days before he died. The Janissaries reclaimed the return of Sinan and the Sultan consented. These events precipitated, new conflicts in Constantinople between Sinan and the vizier Ibrahim (the Sultan's brother in law), but neither faction prevailed. The grand vizier persuaded Mehmed III to lead himself the army in campaign, like his glorious ancestor Süleyman the magnificent. He proposed to target the town of Eger, the principal fortress on the way to the Upper Hungary, which had never been conquered before. It is interesting to note, that the negative experiences in the campaigns of 1594 and 1595 did not lead to any noticeable changes in Ottoman military planning. A vizier went to Belgrade to organize the food storages for the army, while the *defterdar* and the *paşa* of Karaman were charged

principale fortezza sulla strada per l'Alta Ungheria mai conquistata prima. E' interessante notare come le negative esperienze delle campagne del 1594 e del 1595 non avessero minimamente mutato il piano strategico ottomano. Un visir fu inviato a Belgrado per organizzare le scorte di alimenti per l'armata, mentre il *defterdar* e il *paşa* di Karaman ricevettero l'incarico di preparare e ispezionare i ponti sui fiumi e di mobilitare la flotta del Danubio. Esistono pochi dati riguardo la composizione dell'armata ottomana, tuttavia la mobilitazione coinvolse tutte le province dell'Impero e quando nell'estate del 1596 le truppe oltrepassarono il confine, Mehmed III comandava non meno di 120.000 uomini, di cui almeno 80-85.000 erano reali combattenti. Mentre le truppe iniziavano a radunarsi a Istanbul ed Edirne, il 3 aprile Sinan morì improvvisamente. La scomparsa del potente gran visir avvenne esattamente di mercoledì con la luna nuova, evento considerato di pessimo auspicio dalla corte ottomana. L'episodio sicuramente non portò fortuna al nuovo gran visir, Damad Ibrahim, il quale rimase in carica per poche settimane, prima di cadere vittima dei giochi di potere dentro la corte e la campagna iniziò con il rinnegato genovese Cağalazâde Sinan Yussuf come gran visir, proseguì con Damad Ibrahim nuovamente in carica e infine terminò con il reinsediamento di Cağalazâde Sinan.

Alla fine di luglio le colonne ottomane si mossero da Filibe (od. Plovdiv in Bulgaria), dove il sultano riposò per quattro giorni, quindi ripresero la marcia per Belgrado e finalmente si accamparono nei pressi di Szlankamen, attendendo il completamento dei ponti per attraversare i fiumi. Il consiglio di guerra discusse il piano della campagna, decidendo se assediare Komárom oppure Eger e alla fine la seconda opzione prevalse. Contemporaneamente gli imperiali avevano posto sotto assedio Hatvan e così il piano originale fu modificato con l'invio di un corpo di spedizione in soccorso della città assediata. La marcia procedette con lentezza e quando le truppe sotto Cağalazâde Sinan arrivarono in vista di Hatvan, la piazza era già caduta. Il 1° settembre le colonne ripresero la marcia in direzione di Eger. A Szeged l'artiglieria

to prepare the bridges across the rivers and to mobilize the Danube fleet. There is little, in the way of reliable information about the constitution of the Ottoman army. The mobilization involved all the provinces of the Empire, and when in the summer the troops crossed the border, Mehmed III commanded no less than 120,000 men, and about 80-85,000 were actually combatants. While the army was concentrating in Constantinople. and Edirne, on April 3, 1596, Sinan died suddenly. The death of the powerful grand vizier happened exactly on the new moon Wednesday, considered a bad omen by the Ottoman court, as well the new grand vizier Damad Ibrahim, remained only few weeks falling victim to political infighting within the Ottoman court; thus the army's campaign started with the Genoese born Cağalazâde Sinan Yussuf as grand vizier, continued with Damad Ibrahim again and finished with Cağalazâde Sinan again in-charge.

At the end of July the Ottoman columns moved to Filibe (today Plovdiv in Bulgaria), where the Sultan rested four days, then marched to Belgrade and finally encamped near Szlankamen, waiting for the building of bridges to cross the rivers. The war council discussed the campaign plan, deciding to siege Eger. Meanwhile the Imperials were besieging Hatvan and then the original plan was modified, sending a corps of troops there. The march proceeded slowly, and when the Ottomans under Cağalazâde Sinan arrived at Hatvan, the fortress had already fallen. On September 1, the army resumed its march to Eger. At Szeged the siege artillery was carried on boats and transported on the river *Tisza* until Szolnok, where it was loaded on skids greased with tallow and transported in front of Eger by the efficient Sokullu Hasan. Mehmed III offered the free evacuation to the garrison, or their conversion to Islam, but after the refusal of the commander, Nyary Pál, on September 21 he ordered the bombardment of the town. After seven days, the garrison withdrawn in the castle, but any resistance finished after the mutiny instigated by the Walloon mercenaries. The campaign had been successful for the Sultan, but indiscipline and weariness became chronic in the army. The Anatolian *timar* declared that it was not their

d'assedio fu imbarcata su navi e trasportata sul fiume Tisza fino a Szolnok, dove fu caricata su slitte con gli sci cosparsi di grasso e trasportata fino a Eger dall'efficiente Sokullu Hasan. Murad III offrì alla guarnigione la libera evacuazione in caso di resa, oppure la conversione all'Islam, ma il comandante Nyary Pál rifiutò entrambe le proposte e così, il 21 settembre, il sultano ordinò il cannoneggiamento della città. Dopo sette giorni la guarnigione si ritirò nella cittadella, ma infine ogni resistenza cessò con l'ammutinamento dei mercenari valloni. La campagna si stava svolgendo favorevolmente per il sultano, ma l'indisciplina e la stanchezza divennero croniche nelle fila ottomane. I timar dell'Anatolia dichiararono che non rientrava nei loro compiti restare di presidio a Eger e per questo chiesero di poter tornare a casa. I tatari abbandonavano continuamente il campo per saccheggiare le campagne e la loro assenza abbassò pericolosamente le attività di ricognizione. Dall'inizio della campagna il sultano aveva ordinato al *khan* dei tatari di aumentare il numero dei suoi uomini come stabilito nell'accordo, ma prima di ottobre erano arrivate all'armata solo poche migliaia di cavalieri agli ordini di Feth Giray, fratello del *khan*.

Keresztes

Il 1° ottobre le nuove riguardanti l'arrivo di una grande armata nemica agitarono il campo ottomano. I maggiori ufficiali dichiararono che sarebbe apparso disdicevole per il *padishah* ritirarsi senza combattere e criticarono anche il piano di rinchiudersi con l'armata dentro Eger, esortando perciò il sultano a scontrarsi con il nemico in campo aperto. Il numero di uomini si era però ridotto considerevolmente, a causa delle diserzioni sempre più frequenti della cavalleria provinciale e degli altri soldati arruolati per la campagna; probabilmente, alla metà di ottobre, l'intera forza ottomana assommava a non più di 75.000 combattenti. L'armata si mosse da Eger il 20 ottobre, seguita a distanza dall'avanguardia avversaria. Il 23 ottobre gli imperiali isolarono la retroguardia ottomana guidata dal valoroso eunuco Caffer Aga e, dopo un violento combattimento senza quartiere, gli ottomani persero un migliaio di giannizzeri, cento *sipahy* e

duty to remain in Eger as garrison and asked to return home. The Tartars continually left the Ottoman camp to plunder the countryside and their absence lowered dangerously reconnaissance activities. Since the beginning of the campaign the Sultan had ordered to the Tartars' khan to increase the number of his men as established, but before October there was only a few thousand horsemen led by the khan's brother Feth Giray.

Keresztes

By October 1, the news about an incoming large enemy army alarmed the Ottoman command. The major officers declared as inglorious for the Sultan to retreat and criticized the plan to close the army inside Eger, exhorting Mehmet III to engage the enemies in open field. The number of troops had reduced considerably, due to the continual desertion of the provincial cavalry and other soldiers recruited for that campaign and probably in the mid of October the whole force numbered no more than 75,000 combatants. The army moved from Eger on October 20, followed by the enemy vanguard. On October 23, the Allied isolated the Ottoman rearguard led by the valorous eunuch Caffer Aga, and after a violent fighting without mercy the Ottoman lost a thousand Janissaries, a hundred cavalrymen and 40 guns. The main army encamped on October 24 between the marshes of Keresztes, after repulsed on day before the Allies who occupied the fords through the dense swamp. The Ottomans protected their flanks with entrenchments and infantrymen behind wagons and artillery chained in first line; the cavalry formed the second line securing the baggage. The archduke Maximilian of Habsburg commanded a joined force of 35,000 Imperial and Hungarian soldiers and militia, and 10-15,000 Transylvanians under the prince Báthory. The army formed two corps with the Transylvanians on the right. Both the The Allied commanders were confident that they were going to win a great victory, in particular the hope of winning booty. This would replenished their depleted treasury, enabling them to pay their soldiers. Sources dealing with the battle have some confusing accounts, but it

40 cannoni. L'armata principale mise il campo il 24 ottobre in un ampio spiazzo asciutto fra le paludi di Keresztes, dopo che il giorno prima avevano respinto i nemici che occupavano i guadi attorno all'ampio acquitrino. Gli ottomani protessero i fianchi dell'accampamento con trinceramenti e schierarono in prima linea cannoni e fanteria riparati dai carri dell'artiglieria e del treno d'armata. La cavalleria formava la seconda linea a guardia del bagaglio. Dalla parte opposta, l'arciduca Massimiliano d'Asburgo comandava una forza congiunta di 35.000 imperiali con soldati e miliziani ungheresi, più altri 10-15.000 transilvani sotto il principe Báthory. L'armata alleata formò due corpi, con i transilvani schierati all'ala destra. Entrambi i comandanti alleati erano certi di ottenere una grande vittoria, utile a scongiurare il malcontento montante fra le truppe a causa del pagamento arretrato dei salari, che ne stava riducendo notevolmente l'efficienza. Le fonti che parlano della battaglia sono spesso confuse ma sufficienti per ricostruire abbastanza fedelmente lo svolgimento dello scontro. Il 26 ottobre, nella prima fase della battaglia, le forze contrapposte si prepararono allo scontro secondo le rispettive discipline di combattimento. Passato mezzogiorno, allo scopo di indebolire lo schieramento avversario, gli alleati aprirono il fuoco con l'artiglieria e gli ottomani risposero a loro volta. Alcuni testimoni oculari riferiscono che il tiro degli ottomani risultò meno preciso, mentre quello degli avversari provocò molti più danni e disordinò le file turche. Quando imperiali e transilvani assalirono l'ala destra, il panico si trasformò in fuga. Si dice che Mehmed III si preoccupò molto per l'apparente successo avversario e che stava per abbandonare il campo di battaglia, ma il suo consigliere Hoca Sadeddin Efendi gli ricordò un verso del Corano: "è la pazienza che porta alla vittoria". Poco prima il sultano si era spostato proprio nel settore destro più minacciato, rimanendo pericolosamente coinvolto nel caos della battaglia. Mehmed III stringeva fra le mani lo stendardo sacro del Profeta, una reliquia che era stata portata in campagna per la prima volta. Il personale di corte e le guardie del corpo fecero schermo attorno al sultano e per difenderlo accorsero perfino cuochi, servitori,

is possible to glean an idea of the main pattern of the fighting. On October 26, in the opening phase of the clash, the opposing forces were adhering to standard battle practice. After mid-day, trying to soften up the enemy lines with the artillery, the Allied opened fire and the Ottomans replied. Some witnesses related that the Ottoman fire was less effective, while that of the Allies caused some disorder in the ranks. When the Imperials and Transylvanians assaulted the right wing, the panic turned into a general flight. It is said, that Mehmed III became so alarmed at the apparent success, he wanted to flee from the battlefield, but Hoca Sadeddin Efendi, told Mehmed III quoting a verse of the Koran – 'It is patience that brings victory.' Shortly before, the Sultan had moved his command to the right sector, where he remained dangerously involved in the chaos of the battle. Alarmed, he is said to have clasped the sacred standard of the Prophet. The court personnel and bodyguard surrounded him, and it is often said this entourage included his cooks, servants, drivers, pages and grooms armed with simple sticks or poles prepared for the last stand, but the enemy threw themselves on the tents and the treasures of the Ottoman encampment, despite the strict order of their commanders to loot nothing before the end of the battle. The Ottoman cavalry posted in reserve charged the disordered Allied mass and repulsed them in a general route. The Archduke and Báthory lost more than 25,000 men, especially during the pursuit of fugitives conducted by Tartars cavalry. Ottoman sources enhance the victory, comparing it with that of Mohacs seventy years before; even though they had lost just as many men. The battle of Keresztes was strategically ineffective for the Ottomans, who was not able to continue the campaigns and resumed the retreat to Buda and then to Belgrade, but for the morale marked a turning point in their favour, returning to the army confidence in its own ability and leadership. In contrast, for the Imperials, the defeat was experienced as the end of the illusion for an easy victory, postponing for a century the conquest of Hungary.

ZIGALA BASSA CAPITANO DEL MARE.

Georgius Waldgram pinxit. D. Custodis excud.

◄ Dopo la morte di Koca Sinan, l'ufficio di gran visir andò a Damad Ibrahim, ma questi rimase in carica per pochi mesi per essere sostituito dal rinnegato genovese **Giuseppe Cigala, alias Cağalazâde Sinan Yussuf** (1545-1605). Quest'ultimo contese la carica a Ibrahim nel corso della campagna ungherese del 1596, che terminò con la vittoria di Keresztes. A seguito del suo coinvolgimento nella disputa per la successione al khanato tataro di Crimea, la caduta di Feth Giray e lo sterminio di tutta la sua famiglia provocarono la destituzione di Cigala. La presenza di stranieri a capo del governo ottomano non era una rarità nel XVI secolo. Infatti, solo cinque dei quarantanove gran visir fra il 1453 e il 1623 erano effettivamente turchi, mentre la maggioranza erano europei di origini cristiane, fra cui undici slavi, undici albanesi, sei greci, un armeno, un georgiano e un italiano.

After the death of Koca Sinan, Damad Ibrahim was appointed as grand vizier. He remained in charge just a few months, after which he was substituted by the Genoese Giuseppe Cigala, alias Cağalazâde Sinan Yussuf (1545-1605). He contested the grand vizierate to Ibrahim during the 1596 campaign in Hungary, that finished with the victory of Keresztes. After his involvement in the dispute for the succession of the Tartar khanate of Crimea, the fall of Feth Giray and the extermination of the whole family caused his deposition. The presence of foreigners in the supreme office of the Ottoman government was not unusual in the 16th century. Indeed, only five of the forty-nine grand viziers between 1453 and 1623 were of Turkish extraction, whereas a majority were of Christian European origin; including at least eleven Slavs, eleven Albanians, six Greeks, one Armenian, one Georgian and one Italian.

paggi, conducenti e stallieri, armati di semplici bastoni ma risoluti a resistere fino all'ultimo. Gli avversari però si gettarono sulle tende e i tesori dell'accampamento, nonostante il severo ordine di astenersi dal saccheggiare prima della fine del combattimento. La cavalleria ottomana, appostata ai fianchi e in riserva, caricò la disordinata massa degli alleati e la respinse provocandone la rotta. Báthory e l'arciduca persero più di 25.000 uomini, specialmente durante l'inseguimento condotto dalla cavalleria tatara. Le fonti ottomane esaltano la vittoria, paragonandola a quella di Mohács settanta anni prima, sebbene le loro perdite non siano state molto inferiori a quelle avversarie. La battaglia di Keresztes non ebbe effetti strategicamente rilevanti per gli ottomani, che già non erano più in grado di proseguire la campagna e pertanto ripresero la marcia verso Buda e quindi Belgrado, ma per il morale segnò un punto di svolta a loro favore, in quanto restituì all'esercito fiducia nei propri mezzi e credito ai suoi comandanti. Invece, per gli imperiali la disfatta rappresentò la fine dell'illusione in una facile vittoria, ritardando di un secolo la conquista di tutta l'Ungheria.

ALLEATI - ALLIES

Arciduca Maximilian von Habsburg; principe Báthory Zsigmond;
quartiermastri generali – general quartiermaster: Hermann Christoph Russwurm; Giovanni Battista Pezzo

prima linea – first line

Principe Ernst von Lüneburg – Prince Ernst of Lüneburg

ala sinistra:
2.500 cavalieri pesanti, Reiter e altra cavalleria leggera dell'Impero

centro:
12.000 fanti di Casa di Austria, dell'Impero e spagnoli
800-1.000 artiglieri con 97 cannoni di vario calibro

ala destra:
1.800 corazzieri e archibugieri a cavallo di Casa d'Austria,
600 ussari di Pálffy

left wing:
2,500 Imperial heavy cavalry, Reiter and light horsemen

centre:
12,000 Habsburg, Imperial and Spanish infantry
800-1,000 artillerymen with 97 medium and light guns

right wing:
1,800 Habsburg Cuirassieres and mounted Arquebusiers,
600 Pálffy's Hussars

seconda linea – second line

Principe Friedrich von Anhalt – Prince Friedrich of Anhalt

Ala sinistra:
500 corazzieri dalla Vestfalia;
1.500 cavalieri pesanti dalla Sassonia e dal Braunschweig
1.400 cavalieri stranieri (compresi 800 italiani)
centro:
7.500 soldati di fanteria straniera (compresi valloni, francesi e italiani);
10.000 fanti e miliziani transilvani

ala destra – right wing:
5.000 cavalieri transilvani (compresi cosacchi e mercenari polacchi)

left wing:
500 Westphalian Cuirassieres
1,500 Saxon and Brunswick heavy cavalry
1,400 foreign cavalrymen (included 800 from Italy)
centre:
7,500 foreign infantry (included, Walloons, French and Italians)
10,000 Transylvanian infantrymen and militia

right wing:
5,000 Transylvanian cavalry (included cossacks and polish mercenaries)

retroguardia – rearguard

500 cavalieri leggeri ungheresi
4.000 hayduk e miliziani ungheresi con il treno d'armata

500 Hungarian light cavalrymen
4,000 Hungarian hayduks and militia with the army baggage

OTTOMANI – OTTOMANS:

Sultano Mehmed III; luogotenente: Damad Ibrahim gran visir

prima linea, fanteria – first line, infantry:

20-22.000 giannizzeri e cebeci
12-13.000 tüfenk
3.500 sipahy provinciali appiedati
2.000 artiglieri e conducenti con 65 cannoni di piccolo e medio calibro

20-22,000 Janissaries and cebeci
12-13,000 tüfenk
3,500 dismounted provincial sipahy
2,000 artilerymen and drivers with 65 light and medium guns

seconda linea, cavalleria – second line, cavalry

Cağalazâde Sinan Yussuf

17.000 sipahy kapikulu
5.000 sipahy provinciali

17,000 kapikulu sipahy
5,000 provincial sipahy

riserva – reserve

Feth Giray

10-12.000 *dely* e tatari a cavallo

10-12,000 delys and tartar horsemen

LE TAVOLE
THE PLATES

A – LA SUBLIME PORTA

1 – Mehmed III

2 – Ic-oglan Alcune miniature mostrano il sultano in campagna privo di armi e infatti in quelle occasioni l'armamento era portato dai suoi paggi, gli *ic-oglan*. Questi servitori col rango di ufficiali sono riconoscibili dai loro berretti *ak-börk* di tessuto rosso. Il sultano indossa un aulico *kaftan* in seta di tipo *erkan-i kürkü* foderato di pelliccia di zibellino. Fonti: miniature di corte ottomana raffigurante il sultano Mehmed III all'assedio di Eger nel 1596; biblioteca del Topkapy, Istanbul; *Codex Vindobonensis*; 1590-95.

3 – Sancakbeg Il *sancak* era la principale ripartizione militare-amministrativa dell'Impero Ottomano. Il significato era 'distretto', ma anche 'bandiera' o 'insegna', mutuato dalla parola araba 'stendardo' da cui proveniva. Tutte le grandi province ottomane (gli *eyalets* e più tardi *vilayets*) erano divise in province più piccole governate da un *sancakbeg* o *beg*. A loro volta questi territori erano ripartiti in *timar* e *zeamet* che assolvevano ugualmente funzioni militari e amministrative. Questo *sancakbeg* indossa un *kaftan* di tipo ordinario con false maniche che lasciano visibili quelle della veste *entari* riccamente decorata.
Fonti: ricostruzione da Hans Weigel's *Habitus Praecipuorum Popolorum Trachtenbuch*, Norimberga, 1577.

4 – Çavus Gli ottomani erano la sola Potenza in Europa che disponeva di un esercito permanente di grandi dimensioni con una consolidata esperienza di guerra. Inoltre, e forse ancora più importante, la struttura logistica e l'organizzazione dei rifornimenti permetteva di mobilitare le forze in primavera e invadere il territorio nemico agli inizi dell'estate. L'organizzazione era garantita da ufficiali e funzionari come i *çavus*, che operavano sotto la direzione del *defterdar*, una sorta di segretario delle finanze. A volte il rango di *çavus* era paragonabile a quello di un *beg*. Fonti: miniatura ottomana dall'album di Peter Mundy: *A Brief Relation of the Turckes, Costantinople 1618*, British Museum Library, Londra.

B – SIPAHY

1 – Sipahy ulufely Gli squadroni degli *ulufely* erano equipaggiati con le armi migliori e più riccamente decorate, prodotte negli arsenali dell'impero o importate, oppure provenienti dalle prede di guerra. Solitamente tutta la cavalleria del *kapikulu* impiegava protezioni metalliche per le braccia e per il corpo, tuttavia questo *sipahy* indossa un apparato più leggero, rinunciando alla protezione del busto normalmente costituita dalla *chahar-aine*.
Fonti: *Codex Vindobonensis*, 1590-95; cotta di maglia e turcasso della fine del XVI secolo, Kunsthistorisches Museum Wien; elmo *çiçak* con maglia, seconda metà del XVI secolo, collezione storica del Museo Militare della Croazia, Zagabria.

2 – Garip I *garip*, o *gureba*, costituivano l'ultimo gruppo della cavalleria del *kapikulu* ed erano considerati la componente meno pregiata delle truppe a cavallo del sultano. La parola *garip* significa infatti 'povero', riflettendo a questo modo il fatto che il loro equipaggiamento era più leggero rispetto alle altre quattro divisioni della cavalleria del kapikulu e ricevano un salario invece che una rendita per il proprio sostentamento. Alcuni autori riferiscono per questo corpo l'uso di armi e vesti meno decorate, tuttavia la loro appartenenza ai reparti di elite giustificava l'utilizzo di alcuni attributi specifici, come in questo caso l'elmo *çiçak* in metallo dorato. Fonti: ricostruzione da una miniature ottomana dell'album di Hans Sloan: *The Habit of the Grand Signor's Court*, inizio del XVII secolo, British Museum Library, Londra; elmo *çiçak* ottomano della seconda metà del XVI secolo, Art Institute, Chicago.

3 –Timar anatolico Ciascun *timar*, o possessore di una rendita, era obbligato a servire in guerra come cavaliere. Il contingente raccolto formava la cavalleria provinciale *toprakly* che si univa all'armata in campagna. Non esistevano regolamenti specifici riguardo l'equipaggiamento che, al pari del cavallo, era procurato a proprie spese da ciascun cavaliere. Tuttavia, in certi casi, il loro abbigliamento era altrettanto

► *Hayduck* ungherese in un'incisione dei primi anni del XVII secolo. La fanteria confinaria degli Asburgo era equipaggiata con armi da fuoco e addestrata a tattiche di guerra mobili ed elusive, esattamente come la loro controparte ottomana. Nonostante i pericoli, la frontiera era anche un'area di opportunità economiche, specialmente per le truppe a guardia delle fortezze. Il servizio di guarnigione stesso presentava una serie di vantaggi non trascurabile. I confinari ottomani che servivano nelle regioni di frontiera speravano di ottenere la concessione di un *timar*, un terreno e relative rendite, oppure di essere arruolati in un'unità regolare dell'esercito. Le truppe di frontiera partecipavano alle incursioni nel territorio straniero e il bottino raccolto in una singola azione poteva valere molte volte lo stipendio di un soldato.

Hungarian Hayduck, from an early 17th century engraving. The Habsburg frontier infantrymen were equipped with firearms and trained to perform mobile and elusive war actions, like their ottoman counterpart. The frontier was also a zone of economic opportunity as well, especially for the troops manning the fortresses. Garrison service presented a number of avenues for economic advancement. Ottoman volunteer troops served on the frontier hoping to be rewarded with timars, grants of land, or by enrolment in regular army units. All frontier troops participated in raids across the border and the booty collected on even a short raid could be worth many times a soldier's salary.

ricco e simile a quello della cavalleria del sultano.
Fonti: miniature ottomana dell'album di Peter Mundy: *A Brief Relation of the Turckes, Constantinople 1618*, British Museum Library, London; stivale in metallo e maglia di ferro della fine del XVI secolo, Askery Museum, Istanbul.

4 – Sipahy provinciale Ogni *timar* doveva mettere in armi altri cavalieri secondo l'entità delle sue rendite, generalmente da due a più soldati a cavallo. I contingenti erano raggruppati in accordo alla loro provenienza e posti agli ordini dei rispettivi *paşa* e *beglerbeg* europei o asiatici. Fonti: *Codex Vindobonensis*, 1590-95.

C – GUERRA D'ASSEDIO

1 – Giannizzero in tenuta d'assedio In alcune fonti contemporanee sono documentate protezioni supplementari per la fanteria, soprattutto nelle operazioni d'assedio. Questo giannizzero indossa una *kazagand*, una giacca corta imbottita simile a quelle usate negli stessi anni dalla cavalleria. Queste giacche erano indossate sopra il tradizionale kaftan *dolama* e a volte nascondevano all'interno una cotta di maglia di ferro. In altre fonti si possono vedere i giannizzeri che indossano delle giacche più corte del kaftan, probabilmente una variante da campagna della tenuta tradizionale. Altrettanto probabilmente i giannizzeri rimpiazzavano in combattimento lo scomodo copricapo *ak börk* con il semplice turbante.
Fonti: Ottoman miniature of the battle of Keresztes (1609), Topkapy Museum Library; quilted jacked, reconstruction after a Melchior Lorck's engraving (Hamburg 1626); early 17th Century matchlock tüfek, Askery Museum Istanbul.

2 - Ztrhli Nefer - soldato corazzato Reparti speciali di assaltatori composti da soldati con protezioni metalliche sono documentati nelle fonti ottomane fin dal XV secolo. Tratti dalla fanteria del *kapikulu*, erano impiegati per la conquista di fortificazioni, ridotte o per altri incarichi rischiosi. Questo giannizzero è protetto da un kaftan imbottito rinforzato con una camicia di maglia di ferro e da protezioni *kolçak* per le gambe. L'elmo *çicak* in metallo brunito porta montato sulla visiera l'astuccio per il cucchiaio porta piumetto. Egli è inoltre equipaggiato con uno scudo tondo in metallo e un'arma d'asta di tipo *berdiçe*.Fonti: Mahmud Sevket Pasha: L'Organization et les Uniformes de l'Armée Ottomanne, 1907; cotta di maglia degli inizi del XVII secolo, Museo Wavel, Cracovia; arma d'asta del XVII secolo, in Ahmed Cevad Beg: État Militare Ottoman, depuis la fondation de l'Empire jusqu'à nos jours, 1882, tavola 3; scudo in metallo ottomano, primi del XVII secolo, collezione privata.

3 – Odabasi dei Giannizzeri in tenuta da campagna Fonti: ricostruzione da una miniature ottomana dell'album di Peter Mundy: *A Brief Relation of the Turckes, Costantinople 1618*, British Museum Library,

▲ Le diverse testimonianze sulla battaglia di Keresztes (26 ottobre 1596) sono spesso contraddittorie. I comandanti alleati si prepararono allo scontro sicuri di vincere e ciò fu certamente una delle cause principali della loro sconfitta, dovuta anche a una eccessiva sottovalutazione della leadership di Mehmed III. Quando imperiali e transilvani attaccarono l'ala destra nemica, provocarono il panico fra gli ottomani, che iniziarono a indietreggiare disordinatamente. La cavalleria ottomana schierata in riserva agli ordini di Cağalazâde Sinan Yussuf – che si assunse il principale merito della vittoria – caricò la disordinata massa alleata e la respinse dopo averla messa in rotta.

Various accounts about the battle of Keresztes (October 26, 1596) are often contradictory. The Allied commanders went into the battle highly confident, and it is largely assumed that their excessive confidence was the main cause of the defeat; possibly viewing the Ottoman military leadership, under Mehmed III, as not that competent. When the Imperials and Transylvanians assaulted the right wing, this caused the Ottomans to panic, turning into a general flight. The Ottoman cavalry under Cağalazâde Sinan Yussuf - credited with winning the battle - charged the disordered Allied mass and repulsed them in a general route.

London.

4 – *Topçu* **– artigliere – in tenuta da campagna** Fonti: Mahmud Sevket Pasha: L'Organization et les Uniformes de l'Armée Ottomanne, 1907.

D – *KLEIN KRIEG*

1 – *Dely* **comune** Fonti: ricostruzione da un'incisione di Melchior Lorck, 1576.

2 – Comandante *dely* **o** *akincy* Il teatro di guerra ungherese con la sua organizzazione militare dei confine fu un importante catalizzatore per lo sviluppo delle tattiche e degli equipaggiamenti da guerra nell'Europa orientale del XVI secolo. I confinari e incursori ottomani, organizzati in unità mobili di assaltatori, apparvero durante il XV secolo e la loro comparsa introdusse un nuovo tipo di combattimento, chiamato dalla loro controparte austriaca *klein Krieg* (piccola guerra). L'obiettivo strategico di queste azioni non era sempre chiaro e l'esposizione continua alle incursioni portava a una situazione di confine instabile, tuttavia poteva essere utile, specie agli ottomani, per mantenere l'iniziativa tattica e ottenere preziose informazioni sulle forze nemiche, oppure semplicemente per garantirsi una fonte di reddito

supplementare con i saccheggi nel territorio vicino. Fonti: *Codex Vindobonensis*, 1590-95.

3, 4 – cavalieri tatari I contingenti tatari erano in genere di sola cavalleria e ciò gli permetteva in campagna una notevole mobilità, essendo in grado di coprire se necessario distanze di 45-55 chilometri in un giorno e anche la normale velocità di marcia rimaneva considerevole, dato che in media era la metà di quanto detto in precedenza. Per questo motivo i tatari erano quasi privi di bagaglio e ciascun soldato portava le sue razioni con gli utensili da cucina legati alla sella. Fonti: ricostruzione da un'incisione di Abrahm de Bruyn della fine del XVI secolo e da miniature ottomane contemporanee.

E – SPECIALISTI E FUCILIERI

1 – *Cebeci* comune. Dalla seconda metà del XVI secolo il corpo dei *cebeci* gestiva tutte le armi della fanteria del *kapikulu*. Questi soldati-artigiani erano assegnati a tutte le guarnigioni assieme ai giannizzeri. L'organizzazione del corpo permetteva agli ottomani di disporre di specialisti in grado di sviluppare tecnologie per gli armamenti e di mantenersi al passo delle innovazioni introdotte in altre parti d'Europa. Gli ottomani non si limitavano a imitare le armi da fuoco europee contemporanee, ma attraverso i cebeci erano in grado di riutilizzare il vasto arsenale di armi abbandonato dai loro avversari e rifornire l'esercito anche con queste armi. Fonti: ricostruzione da una miniatura ottomana dall'album di Hans Sloan: *The Habit of the Grand Signor's Court*, inizi del XVII secolo, British Museum Library, London.

2, 3 – *Tüfenkci* comuni. L'ossatura della fanteria ottomana nel periodo della Lunga Guerra era costituita dai nuovi corpi di reclute provinciali armate di moschetto (*tüfenk*). Questi moschettieri erano mobilitati solo per la durata di una singola campagna. Come accadeva nella cavalleria provinciale, non esistevano regole specifiche riguardo l'abbigliamento e soltanto l'armamento era fornito dagli arsenali dello Stato. Fonti: ricostruzione da una miniatura ottomana dall'album di Hans Sloan: *The Habit of the Grand Signor's Court*, inizi del XVII secolo, British Museum Library, London.

4 – *Bayrakdar*, portainsegna Fonti: Mahmud Sevket Pasha: L'Organization et les Uniformes de l'Armée Ottomanne, 1907.

F – IL *MILITÄRGRENZE* ASBURGICO

1 – Confinario *hayduk* ungherese A partire dal 1580 il confine militare fu specificatamente organizzato per la difesa del territorio dalle incursioni orttomane. Attraverso il reticolo di posti di sorveglianza costantemente presidiati e in contatto visivo l'uno con l'altro, le vie di accesso alla frontiera erano meglio controllate che in passato, grazie sia alle nuove fortezze che alle *palanka* (fortificazioni lignee). Ogni avamposto ospitava guarnigioni di fanteria esperta del territorio e specificatamente addestrata a quel compito, come gli *hayduk* in Ungheria e gli *haramy* in Croazia. E' importante notare che lo stesso tipo di fanteria era presente anche nel vicino principato di Transilvania. Mentre il confine militare occidentale difendeva le province asburgiche dalle incursioni ottomane, il generalato orientale dell'Alta Ungheria proteggeva l'Ungheria sotto gli Asburgo dalla Transilvania, cioè da uno stato cristiano, vassallo dell'Impero Ottomano, governato da principe ungherese. Fonti: ricostruzione da una stampa austriaca dei primi del XVII secolo.

2 – Confinario *Varaszdiner* La regione di confine di Varaszdin, in Croazia, era un'area essenzialmente montuosa e questo si riflette nell'abbigliamento dei locali *Grenzer*. Berretto di lana, doppi pantaloni e ampio mantello con o senza cappuccio erano indumenti tipici delle province dinariche e alcuni di questii, come le calzature di cuoio e stoffa, *opanka*, sono rimaste immutate attraverso i secoli. Fonti: ricostruzione da George Gush, Renaissance Armies; moschetto a miccia, 1600 ca, Landeshauszeug Graz.

3 – Capo Uscocco L'influenza mediterranea è chiaramente riconoscibile nell'abbigliamento di questo comandante uscocco. La giacca *dalmatica* è provvista di false maniche ed esempi simili sono diffusi in tutto l'Adriatico orientale. Come armamento impiega un moschetto a ruota e una spada dritta di tipo austriaco. Assi più delle altre popolazioni di confine, gli Uscocchi beneficiavano di un regime di autonomia molto ampio e ciò si rifletteva nell'utilizzo di armi ed equipaggiamenti più disparati. Il reciproco consenso politico formatosi con la messa a punto di una strategia difensiva contro l'Impero

Ottomano rafforzò la mutua dipendenza fra le province croato-ungheresi e la monarchia asburgica, specialmente a partire dalla seconda metà del XVI secolo.

Fonti: ricostruzione da Cesare Vecellio, *Degli Habiti Antichi et Moderni*, Venezia, 1570; moschetto a ruota, 1600 ca, collezione delle armi del Museo dell'Esercito Ceco, Praga.

G – CAVALLERIA TRANSILVANA

1 – 2 *Huszár* Al pari della cavalleria polacca coeva, l'esercito transilvano comprendeva reparti di ussari addestrati a ricoprire molteplici ruoli ed equipaggiati con lancia, armatura in metallo e grandi cavalli da guerra. Verso la fine del XVI secolo, una parte della cavalleria transilvana, come accadde alla loro controparte asburgico-ungherese, fu trasformata in cavalleria leggera simile all'illustrazione G4. Nel 1605, il nuovo principe Bocskay István, suddivise la forza a cavallo transilvana in pesante e leggera sulla base dell'impiego tattico.

Fonti: Szabó, János – Somogy Győző: Az Erdély Fejedelemség Hadserege; Budapest, 1996.

3 – Comandante di Cavalleria La mazza da guerra e la pelliccia di animale feroce qualifica questo nobile ungherese-transilvano come ufficiale di cavalleria. E' interessante notare nelle miniature ottomane la raffigurazione di soldati del *kapikulu* che indossano come segno distintivo pelliccie tessute in modo da imitare felini come il leopardo siberiano o la tigre indiana. Gli stessi simboli di rango usati dagli ottomani sono presenti, e talvolta enfatizzati, dagli ungheresi. Fonti: Szabó, János – Somogy Győző: Az Erdély Fejedelemség Hadserege; Budapest, 1996.

4 – Cavalleggero Székely I székely formavano una minoranza stabilitasi sul confine orientale della Transilvania che nel XVI secolo formava un gruppo etnico con status politico di autonomia e auto-governo. Per ogni székely il servizio militare rivestiva un significato politico molto importante. Questo cavaliere mostra le caratteristiche moderne degli ussari, divenute poi tipiche nel secolo XVII, come la rinuncia alle protezioni in metallo e allo scudo in modo da guadagnare agilità e velocità. Fonti: ricostruzione da una stampa contemporanea e da Szabó János – Somogy Győző: Az Erdély Fejedelemség Hadserege; Budapest, 1996.

H – FANTERIA E ARTIGLIERIA TRANSILVANA

1 – Fanteria Székely Dopo il 1601 i székely organizzarono reparti di cavalleria e fanteria della milizia in ciascun comitato, mettendo insieme una forza di quasi 20.000 uomini impiegati in campagna o in guarnigione. Questo soldato è equipaggiato con una spingarda da spalto ed è completamente vestito di rosso, colore tradizionale della milizia székely già a partire del XVI secolo. Fonti: ricostruzione da un'illustrazione della *Ungarische Chronik*, di Wilhelm Dillich, 1601.

2 – Ufficiale dei *Kék Darabont*

3, 4 – Soldato Comune e Tamburo dei *Kék Darabont*

Il principe Báthory Zsigmond reclutò nel 1593 un corpo di 500 *darabont* (trabanti) come guardia del corpo. L'unità era abbigliata di blu e nota come *kék darabont* (trabanti azzurri), in pratica una delle prime unità in uniforme dell'Europa orientale. Il corpo partecipò all'inconcludente assedio di Temesvár nel 1596 e alle successive campagne contro ottomani, valacchi e imperiali. Il reparto fu infine disciolto nel 1635. Nei primi anni del XVII secolo altre unità transilvane erano conosciute per il colore dei loro abiti, come la milizia 'verde' di Medgyes e quella 'nera' di Nagyszeben.Fonti: Szabó, János – Somogy Győző: Az Erdély Fejedelemség Hadserege; Budapest, 1996.

5 – Artigliere sassone Nel XVI secolo la popolazione di lingua tedesca stanziata nel sud del principato era occupata nel commercio e nelle professioni tecniche. Mulini per la preparazione della polvere da sparo e magazzini per la sua conservazione erano allestiti in ogni città sassone e ciascun villaggio organizzava una milizia con compiti di guarnigione, impiegata anche in campagna con l'armata principale. I sassoni conservavano un abbigliamento diverso dalle altre etnie e il ceto dirigente locale vestiva secondo una moda simile a quella dell'Europa occidentale.

Fonti: Szabó, János – Somogy Győző: Az Erdély Fejedelemség Hadserege; Budapest, 1996.

ILLUSTRATIONS COMMENTARIES

A – THE SUBLIME PORTE

1 – Sultan Mehmed III

2 – Ic-oglan Contemporary Ottoman miniatures usually show the Sultan even on campaign without his weapons. Normally, his sword was carried by one of his Pages, the *Ic-oglan*. These young officers are recognizable with their red *ak-börk* hat. This headgear was similar to the janissary's version. The Sultan wears a court silk *erkan-i kürkü* kaftan lined of sable fur. Sources: Ottoman court miniature representing Mehmed III at the siege of Eger, in 1596; Topkapy Library, Istanbul; *Codex Vindobonensis* 1590-95.

3 – Sancakbeg The *Sancaks* were administrative and military divisions of the Ottoman Empire. This term also carried the meaning, of 'district', 'banner', or 'flag' as well, reflecting the Arabic word for standard - *Sancak*. Ottoman provinces (*eyalets* and later *vilayets*) were divided into *sancaks*, and governed by the *sancakbeg* or *beg*. These were further subdivided into *timar* and *zeamet*, performing both administrative and military functions. The *Sancakbeg* wearing a ordinary kaftan with false sleeves over a richly decorated *entari* waistcoat.
Sources: reconstruction after Hans Weigel's *Habitus Praecipuorum Popolorum Trachtenbuch*, Norimberga, 1577.

4 – Çavus The Ottomans were the only power in Europe who had a strong standing army, and which became highly experienced campaigners. Furthermore, and perhaps most importantly, their independent logistic support organizations and well-structured supply system made it possible to mobilize their forces early in the spring and invade enemy territory at the beginning of summer. The logistic organization was guaranteed by officers, such as the *Çavus*. He operated under the direction of a *Defterdar* (a Finance Ministry Secretary). The rank of *Çavus*, was sometime comparable to the *beg*. Sources: Ottoman miniature in Peter Mundy's Album: *A Brief Relation of the Turckes, Costantinople 1618*, British Museum Library, London.

B – SIPAHY

1 – Sipahy Ulufely The *Ulufely* squadrons was equipped with the best and highly decorated weapons produced in the empire's arsenals, as well as imported, or captured in war. Normally, all the *kapikulu* cavalry used armour and various other body and arm protections. This *Sipahy*, however, wears a light version of the complete armour panoply, sacrificing the *chahar-aine* steel plates.   Sources: *Codex Vindobonensis*, 1590-95; late 16th century mail coat and bow quiver, Kunsthistorisches Museum Wien; 16th century *çiçak* helmet with mail, historical collection of the Croatian Military Museum, Zagabria.

2 – Garip Garip (or *Gureba*) were the last group of the *kapikulu* cavalry and were considered the lower class of the Ottoman household mounted troops. It is said, that the word *Garip*, means 'poor ones' because their equipment was lighter compared to the other four *kapikulu* divisions and their were paid salaries, rather than hold landed estates to support themselves. Some authors relate about this corps the use of less decorated dress and weapons, but as can be seen in this gilded *çiçak* helmet, they nevertheless appeared as elite troops. Sources: reconstruction after an Ottoman miniature in Hans Sloan's Album: *The Habit of the Grand Signor's Court*, early 17th century, British Museum Library, London; Ottoman gilded *çiçak* helmet, second half of the 16th century, Art Institute, Chicago.

3 – Anatolian Timar Each *Timar*, or fiefs holder, was obliged to serve in war as a horseman. They formed the *toprakly* or provincial cavalry, who joined the army in campaign. There were no specific requirements regarding the equipment which, like the horse, each cavalryman had to procure at his own expense. However, in many cases their dress and appearance could be identical to the other Ottoman mounted troops of the Household cavalry.   Sources: Ottoman miniature in Peter Mundy's Album: *A Brief Relation of the Turckes, Constantinople 1618*, British Museum Library, London; late 16th century leg protections in steel plates and mail, Askery Museum, Istanbul.

4 – Provincial Sipahy Each *Timar* had to enlist other horsemen according on his income and generally they had to recruit two or more men. The contingents were normally organized in accordance of their

provenance under the command of the European or Anatolian *paşa* and *beglerbeg*. Sources: *Codex Vindobonensis*, 1590-95.

C – SIEGE WARFARE

1 – Janissary in siege dress Additional protections are illustrated in contemporary sources, being used by Janissaries especially during sieges. This soldier is wearing a *kazagand*, a short quilted jacket similar to ones used by cavalry in the same period. These were worn over the traditional *dolama kaftan* and could be covering a mail coat under this. In some sources, Janissaries are shown wearing short jackets in place of the *kaftan*, perhaps as a type of campaign dress. As well, it is likely also for all the *kapikulu* infantry, a simple turban replaced the *ak börk* hat.

Sources: Ottoman miniature of the battle of Keresztes (1609), Topkapy Museum Library; quilted jacked after a Melchior Lorck's engraving (Hamburg 1626); early 17th Century tüfek matchlock, Askery Museum Istanbul.

2 - *Ztrhli Nefer*, armoured infantryman Special assaulting parties with armoured soldier are documented in the Ottoman armies since in 15th century. Drawn from the *kapikulu* infantry, they were employed for special duties, such as storming enemy fortifications and redoubts. This janissary is protected by a quilted *kaftan* under a reinforced mail coat, and *kolçak* protection for the legs. The *çiçak* black polished helmet has a Janissary spoon plume holder. He is equipped with a metal shield and a *berdiçe* pole arm. Sources: Mahmud Sevket Pasha: L'Organization et les Uniformes de l'Armée Ottomanne, 1907; early 17th century mail coat, Wavel Museum, Cracow; 17th century pole arm after Ahmed Cevad Beg: État Militaire Ottoman, depuis la fondation de l'Empire jusqu'à nos jours, 1882, plate 3; Ottoman metal shield, early 17th century, private collection.

3 – Janissary *Odabasi* in campaign dress Sources: reconstruction after an Ottoman miniature, in Peter Mundy's Album: *A Brief Relation of the Turckes, Costantinople 1618*, British Museum Library, London.

4 – *Topçu* (artilleryman) in campaign dress Sources: Mahmud Sevket Pasha: L'Organization et les Uniformes de l'Armée Ottomanne, 1907.

D – KLEIN KRIEG

1 – Private *Dely* Source: recontruction after an engraving by Melchior Lorck, 1576.

2 – *Dely* or *Akincy* commander The Hungarian theatre of war with the border defence system was a very important catalyst for military development in 16th century Eastern Europe. Ottoman frontiersmen and raiders, organized into storming units, appeared during the 15th century, and their appearance introduced a new kind of fighting, called by their Austrian counterparts *klein Krieg* (little war). The strategic goal of these actions was never clear, as the constant raiding produced an unstable frontier and may have been seen by the Ottomans as a way of gaining of local tactics initiative, as well as valuable source of information about the enemy forces, or simply loot from raids as a source of income for local forces. Sources: *Codex Vindobonensis*, 1590-95.

3, 4 – Tartar horseman The Tartar troops were generally mounted, therefore they were able to move at considerable speed, being capable of sustaining a rate of 30-40 miles a day when necessary and customarily averaging at least half that. Moreover the Tartars were unencumbered by baggage and each soldier carryng his blanquet, cooking utensils and provision tied to his saddle. Sources: reconstruction after an engraving by Abrahm de Bruyn and contemporary Ottoman miniatures.

E – SPECIALISTS AND MUSKEETERS

1 – *Cebeci* private From the second half of the 16th century, the corps of *Cebeci* supported all the *kapikulu* infantry with weapons. They were assigned in the garrisons along with the Janissaries. The organisation of this corps gave the Ottomans a specialised function enabling them to discover new weapons technology, as innovations were made in various parts of Europe. Not only could the Ottomans imitate models of contemporary European firearms, the corps of *Cebeci* were able to find,

recover and use vast arsenals of abandoned weapons left by defeated foes and supply the army with these trophies. Sources: reconstruction after an Ottoman miniature in Hans Sloan's Album: *The Habit of the Grand Signor's Court*, early 17th century, British Museum Library, London.

2, 3 – *Tüfenkci* privates The new backbone of the Ottoman army in the period of the Long War was battalions of provincial levies armed with muskets (*tüfenk*). These musketeers units were hired for the duration of a single campaign. As in the provincial cavalry, there were no specific requirements regarding the clothing, while the equipment was supplied by the Ottoman arsenal. Sources: reconstruction after an Ottoman miniature in Hans Sloan's Album: *The Habit of the Grand Signor's Court*, early 17th century, British Museum Library, London.

4 – *Bayrakdar* Ensign Sources: Mahmud Sevket Pasha: L'Organization et les Uniformes de l'Armée Ottomanne, 1907

F – THE HABSBURGS MILITÄRGRENZE

1 – Hungarian *Hayduk Grenzer*. By the early 1580s, the military borders were organized into efficient zones to defend against Ottoman incursions. As a result, crossing places were more controlled with the help of new fortresses and *palankas* (guard houses), within sight of each other. These outposts were garrisoned by ad-hoc infantry corps, like the *Hayduk* in Hungary and the *Haramy* in Croatia. It is important to note that the same kind of light infantrymen were present also in the Princedom of Transylvania. While the western military borders defended Habsburg's provinces against direct Ottoman attack, the eastern *Oberungarische Grenzgeneralat* defended Habsburg-ruled Hungary against Transylvania, namely a Christian state that was an Ottoman vassal, and ruled by Hungarian princes. Sources: reconstruction after an early 17th century Austrian print.

2 – *Varaszdiner Grenzer* The border region of Varaszdin in Croatia was essentially a mountain area and this is reflected by the dress of the local *Grenzer*. Wool caps, double trousers and round cloaks, with or without hood, were typical of the Dinaric provinces and other accessories, such as the *opanka* leather shoes, have remained unchanged through the centuries. Sources: reconstruction after George Gush, Renaissance Armies; matchlock musket ca 1600, Landeshauszeug Graz.

3 – *Uskok* Commander The Mediterranean influence is clearly recognizable in the dress of this *uskok* chief. The *dalmatica* coat with false sleeves had widespread use also in the eastern Adriatic area. He is equipped with wheellock cavalry musket and Austrian sword. *Uskoks* were granted a great deal of autonomy, and this is reflected in their wide use of varied weapons and equipment. Reciprocal political consensus, seeking a defence strategy against the Ottomans, saw mutual interdependence of Hungary-Croatia and the Habsburg Monarchy especially from the second half of the 16th century. Sources: reconstruction after Cesare Vecellio, *Degli Habiti Antichi et Moderni*, Venice, 1570; 1600 wheellock musket, fire weapons collection of the Czech Army Museum, Prague.

G – TRANSYLVANIAN CAVALRY

1 – 2 Private *Huszár* Like the contemporary Polish cavalry, the Transylvanian army comprised early hussars trained as general purpose mounted soldiers, equipped with spear, metal armour and heavy war horses. From the late 16th century, however, a large part of the Transylvanian cavalry, like their Habsburg-Hungarian counterparts, progressively turned their horsemen into light cavalry, as the illustration G4. In 1605, the new prince Bocskay István, divided the Transylvanian mounted force in heavy and light cavalry according to their tactical employment. Sources: Szabó, János – Somogy Győző: Az Erdély Fejedelemség Hadserege; Budapest, 1996.

3 – Cavalry commander The war mace and exotic fur qualify this Hungarian-Transylvanian nobleman as a senior cavalry officer. Interestingly, Ottoman miniatures often show *kapikulu* soldiers wearing a fur skin cloak dyed with spots and fitted with a head, to simulate animal like the Siberian leopard cat, or tiger-skin, as a form of distinction. The same rank symbols used by the Ottomans are present, and sometimes emphasized, by the Hungarian side too. Sources: Szabó János – Somogy Győző: Az Erdély

Fejedelemség Hadserege; Budapest, 1996.

4 – Székely light cavalryman The Székely folk were settled in the eastern border of Transylvania and formed in the 16th century a majority with political status of autonomy and self-government. For each Székely the military service was politically significant and distinctive of free status. This horseman shows the modern hussar characteristic, become as typical in the 17th century, reducing metal protection and shield in advantage of speed and agility. Sources: reconstruction after a contemporary print and János – Somogy Győző: Az Erdély Fejedelemség Hadserege; Budapest, 1996.

H – TRANSYLVANIAN INFANTRY AND ARTILLERY

1 – Székely infantryman
After 1601 the Székely organized infantry and cavalry militia in each counties and provided a force of 20,000 men employed in campaign or garrison duty. This infantryman is equipped with a rampart musket and dressed in red, the typical colour of the Székely militia since 16th century. Sources: reconstruction after an illustration in the Wilhelm Dillich's *Ungarische Chronik*, 1601.

2 – Officer of the *Kék Darabont*

3, 4 – Private and drummer of the *Kék Darabont* Prince Báthory Zsigmond formed in 1593 a corps of 500 *darabont* (Trabant) as household foot guards. The unit was dressed in blue and identified as *kék darabont* (Blue Trabant), becoming one of the first 'uniformed' unit in Eastern Europe. The corps fought in the inconclusive siege of Temesvár in 1596 and in the following campaigns against Ottomans, Vallachians and Imperials. The unit was later disbanded in 1635. In the early 17th century, other Transylvanian units are recorded for the colour of their clothing, like the 'green' militia of Medgyes and the 'black' infantry of Nagyszeben. Sources: Szabó, János – Somogy Győző: Az Erdély Fejedelemség Hadserege; Budapest, 1996.

5 – *Saxen* artilleryman In the 16th century, the German speaking people settled in south of the Princedom of Transylvania were occupied in trade and technical professions. Powder storage and mills were active in each Saxon city and each village organized a militia for garrison duty, employing it also in campaign with the main army. The Saxons generally worn different clothing respect other ethnic groups of Transylvania and the local ruling class dressed according to the fashion of Western Europe. Sources: Szabó, János – Somogy Győző: Az Erdély Fejedelemség Hadserege; Budapest, 1996.

▶ Il comandante e veterano imperiale Karl von Mansfeld, nato nell'attuale Lussemburgo nel 1453, era stato educato in Francia, ma entrò poi al servizio della Spagna come generale e ammiraglio di tutte le forze spagnole nei Paesi Bassi. Nella primavera del 1595 fu nominato comandante in capo dell'armata imperiale in Ungheria, dove condusse la sua ultima campagna di guerra. Mansfeld rimase infatti mortalmente ferito nel corso dell'assedio di Esztergom.

The veteran Imperial commander Karl von Mansfeld, born in present day Luxemburg in 1543, had been educated in France, but he entered in service of Spain as General and Admiral of all the Spanish forces in Low Countries. In spring 1595 he was appointed as General Commander of the Imperial Army in Hungary, where he conducted his last campaign. He died from wounds after the siege of Esztergom.

TITOLI PUBBLICATI - ALREADY PUBLISHING

SOLDIERS&WEAPONS 024